노래하는 몸,
춤추는 몸

노래하는 몸, 춤추는 몸

김경희 지음

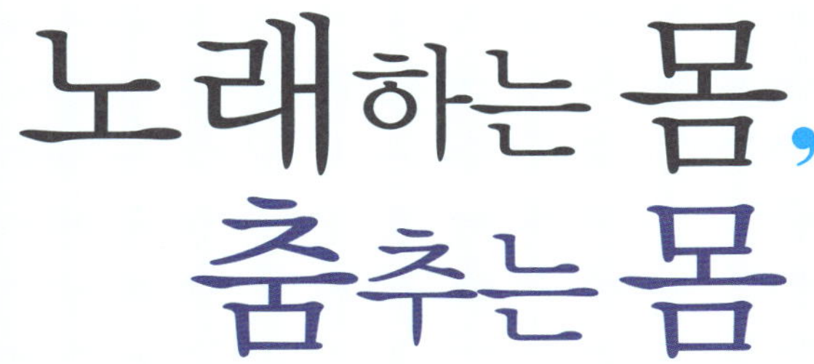

성균관대학교
출판부

"Singing Body, Dancing Body"

갓 태어난 아기들은 말하기 전에 "노래"를 부릅니다. "노래"를 부르던 아기들은 일어서자마자 "춤"을 춥니다. 이렇게 우리들의 "몸"은 자신의 이야기를 노래하며, 춤춥니다.

역사상, 가장 위대한 물리학자 중의 한 사람으로 널리 알려진 아인슈타인(A. Einstein)은 고도로 발전된 기술(technology)이 우리의 인간성, 즉 인간다움을 뛰어넘지는 않을까(?) 우려하였으며, 인간의 정신(spirit)이 기술보다 우선되어야 한다고 강조하였습니다.

제가 이 책을 쓰게 된 이유입니다. 왜냐하면, 아시는 분들은 이미 아시겠지만, 인간의 정신, "spirit(神)"이 우리 몸속 장기(臟器: organ)에 감추어져 있기 때문입니다.

고도로 발달된 기술이 무용계뿐 아니라 우리의 일상까지도 위협하며 점점 힘겹게 만들고 있습니다. 주변의 위험 요소들을 무력화시키지는 못하더라도 위협받고, 힘들어하는 우리 무용수들, 일반인들에게 조금이나마 도움을 줄 수 있는 안전한 공간을 마련하고자, 그 방법이 "글"이라고 생각했기에 멈추지 않고 "글쓰기"를 지속하였습니다.

　자신의 내장기관의 감각을 알아차리지 못한 채, 현대인들은 무언가로부터 쫓기는 듯 기술(기교)을 빠르게 발전시키려 매진하고 있습니다. 이는, 자신의 감정(느낌)을 외면하고 있다는 의미입니다. 예민하십시오. 그래야 자신의 정신(마음)이 기술을 앞설 수 있습니다.

　이 책의 시작은 동양의 몸과 서양의 몸이, 차이는 있을 수 있으나, "다르지 않다"는 점에서 출발합니다. 물론, 서양의 소매틱 프랙티스와 대립을 하고자 함은 더 더욱 아닙니다. 동·서양의 소매틱 프랙티스가 포용적이며 상호보완적 관계를 유지하여, "더 안전한 방법"을 탐구하고자 함입니다.

　이 책을 읽으시면서 자신의 삶을 재발견하여 회복할 수 있는 시간이 되기를 간절히 희망합니다.

2025년 6월에,

김경희 씀

감사의 글

　　며칠 전, 『생각하는 몸, 발레하는 몸』에 이어, 『보여주는 몸, 느끼는 몸』이
2024년 세종도서 학술 부분에 선정되었다는 소식을 들었습니다. 나 자신은 물론,
가까운 제자, 동료까지도 그 사실을 믿지 않았으나, 확인 후 진심으로
축하해주었습니다. 지면을 빌어 감사한 마음을 전합니다.

　　인내를 요하는 작업을 함께 하면서, 지속적인 성가심에도 항상 웃으면서
일러스트레이션과 타이핑을 해준 김수혜, 그리고 장수진, 후발대로 합류한 박진현,
학부생인데도 잠재된 실력을 유감없이 발휘해준 유지선에게 고마운 마음을
전합니다.

　　특히, 국선도의 '기신법' 모델이 되어준 김윤선, 상호 갓츠겐운도의 모델이
되어준 이영주, 페다고지 워크샵의 모델이 되어준 김윤주, 김지민, 박진우 그리고
제 연구의 대상이자 원동력이 되어준 제자들에게 깊은 감사의 마음을 전합니다.

　　기신법의 동작은 저자가 국선도 수사 과정에서 체득한 내용과 『국선도강해』
(허경무, pp. 357~411)의 그림을 참조하여 재현하였음을 밝힙니다. 국선도 도기 그림
사용을 허락해 주신 "도서출판 국선도"에 깊이 감사드립니다.

저에게 "BodyMind Dancing™"을 지도해주신 'Martha Eddy 선생님', 국선도를 지도해주신 'K 원장님', 갓츠겐운도를 지도해주신 '마츠바야시 선생님', 그리고 화타오금희를 지도해 주신 '김성기 선생님'께 마음을 다해 깊이 감사드립니다.

그리고, 다섯 가지 동물의 움직임 사진은 제가 「화타오금희」 수련과정(2023년 4월~2024년 4월)에서 체득한 내용을 바탕으로 재현하였음을 밝힙니다.

또한, 항상 격려해주시고 묵묵히 기다려 주신 다른 분들께도 감사의 마음을 전합니다. 성균관대학교 출판부의 신철호 선생님의 노고가 없었다면 이 책은 발간되기 어려웠을 거라는 생각이 듭니다. 고마운 마음뿐입니다!

하늘나라에서도 언제나 함께 해주신 사랑하는 나의 엄마에게 이 책을 바칩니다. 고맙습니다.

Contents

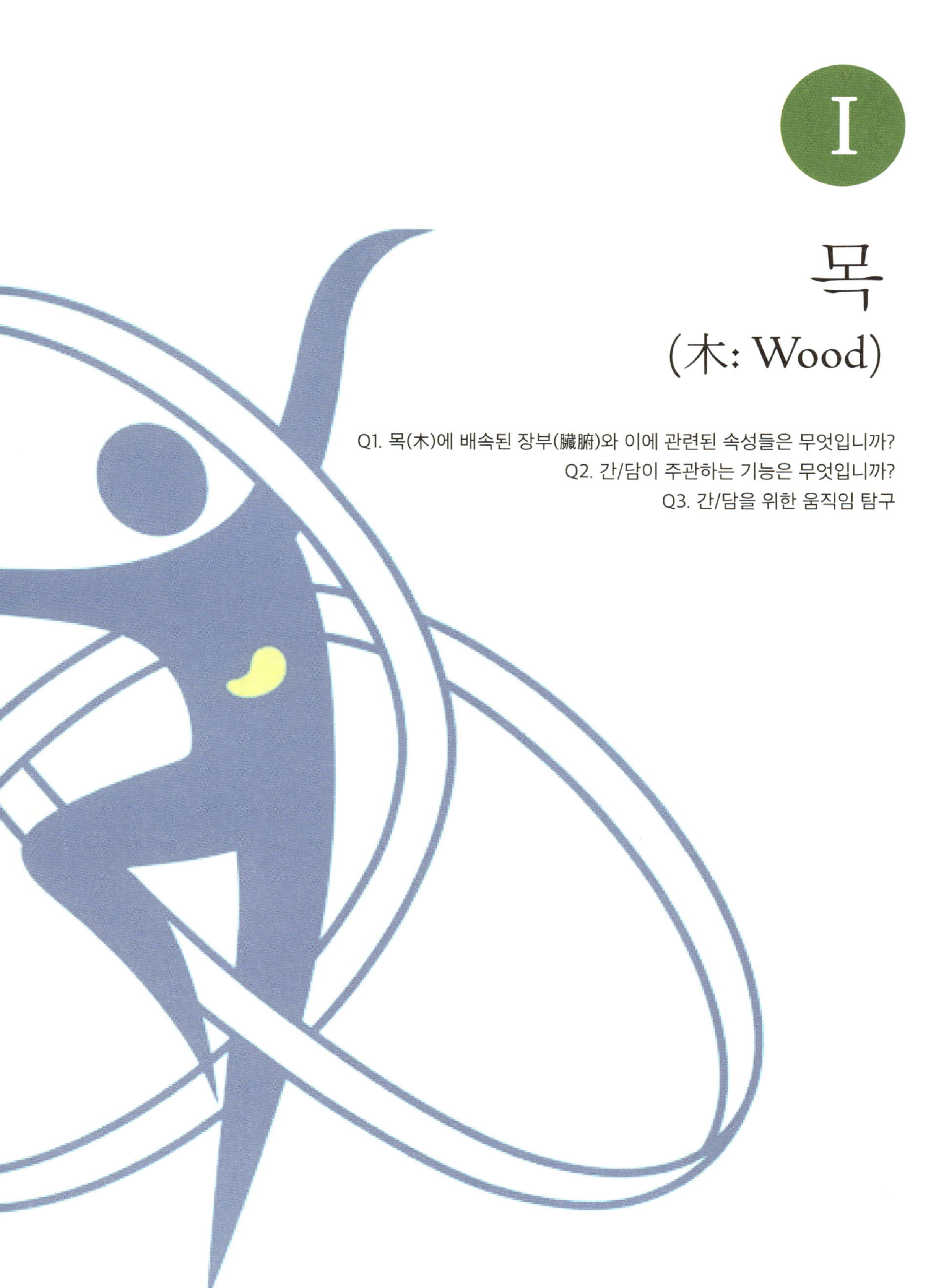

I

목
(木: Wood)

Q1. 목(木)에 배속된 장부(臟腑)와 이에 관련된 속성들은 무엇입니까?
Q2. 간/담이 주관하는 기능은 무엇입니까?
Q3. 간/담을 위한 움직임 탐구

Q1.
목(木)에 배속된 장부(臟腑)와 이에 관련된
속성들은 무엇입니까?

인체의 장부(臟腑)들 중, 간(肝)과 담(膽)이 목(木: Wood)에 배속되어 있다.
간(肝: Liver)은 우측 상복부에 위치해 있는, 우리 몸 안에서 가장 큰 장부이며,
담(膽: Gallbladder)은 간의 바로 아래에 위치한 작은 주머니 모양의 장부이다.

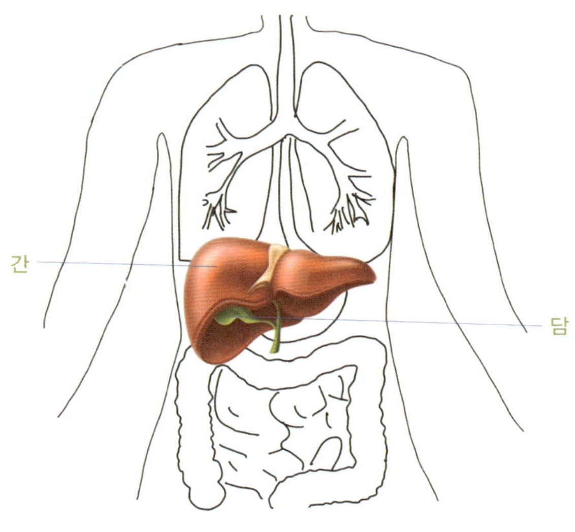

간과 담

　목(木)의 기상(氣象)은 봄의 생동감이 넘치는, 상승하는 기운으로, 간(肝)의
추동력과 담(膽)의 결단력과 닮아있다고 본다. 우리의 관습적 언어 표현에서,
"간이 부었다", "간도 크다", "간이 콩알만 하다", "담(간담)이 써늘하다" 등은
간과 담이 갖고 있는 기(氣) 흐름의 형상과 연결된다고 사료된다.

간이 크다. (대담하다.)　　　　　　　　　　담(간담)이 써늘하다.

　그러나 이러한 기운을 억압하면 분노가 위로 치솟으며, 이때 고함도 지르게
되는 것이다. 그렇기 때문에 간에 분노의 감정을 감추고 있는 것은 아닐까? 라는
생각이 든다. 주변에서, 평소와는 다르게, 사소한 일에도 화를 내거나, 혹은
소리를 지르는 사람을 보게 된다!

분노조절 장애자 (혹시, 간에 무슨 문제가???)

이러한 감정을 조절하는 다섯 가지 정신작용, 즉 오지(五志) 중에, 혼(魂)이 목(木)에 배속되어 있다. '혼(魂)'이란 "넋(정신이나 마음), 마음, 생각" 등의 의미를 지닌 한자어로, 귀신이란 뜻의 '귀(鬼)' 자와 구름이란 뜻의 '운(云)'이 합쳐진 글자이다. 옛사람들은 사람이 죽으면 혼(魂)은 하늘로 올라간다고 믿었기 때문에, 구름의 형상을 그린 '운(云)' 자를 '귀(鬼)' 자와 결합하여, 하늘을 떠도는 영혼을 표현하였다.

진정한 정신력은 사람의 영혼으로부터 나온다. 따라서, 혼(魂)은 '정신'이나 '마음'을 의미하며, 인간 내면의 무의식 상태를 의식 상태로 끌어올리는 충동적 성향의 정신 활동을 의미한다. 그렇기 때문에, 인체의 장기 중에서 젊고 활기찬, 추동력이 있는 '간장(肝臟: Liver)'에 '혼(魂)'이 저장되어 있다고 보는 것이 아닌가 생각된다.

혼(魂)

이러한 혼(魂)의 정신 활동은 다섯 가지 덕목, 즉 오덕(五德) 중에, 목(木)에 배속된 인(仁)에 맞게 행해져야 한다. '인(仁)'이란 "어질다, 자애롭다, 사랑하다, 어진 마음, 박애(博愛)" 등의 의미를 지닌 한자어로, 사람 '인(人)' 자와 둘이란 뜻의 '이(二)' 자가 합쳐진 글자이다. 본래, '인(仁)' 자는 두 사람이 친하게 지냄을 뜻했던 글자였으나, 후에 공자(孔子)는 유교의 도덕 이념에서 "자기에게는 엄하지만, 남에게는 어질게 하는 정신을 인(仁)"이라고 설파하며, '인(仁)'을 도덕의 중심 혹은 기본으로 삼았다. 이러한, 모든 덕(德)의 기본이 되는 '인(仁)'을 오행 중의 '목(木)'에 배속시켰는데, 이는 아마도 나무가 지닌 성질 즉, 땅에 뿌리를 내리고 나뭇가지를 뻗어 잎사귀를 펼치는 나무의 특성과 연관이 있다고 사료된다.

　자신에게 엄하게 할 수 있는 곧은 성품만이 어디에서든 뿌리를 내릴 수 있으며, 뿌리를 내린 나무가 가지를 쭉 뻗어나갈 수 있게 하는 원동력은 모든 사람들을 널리 평등하게 사랑하는 '박애(博愛)' 즉, '어진 사랑'의 힘이지 않을까? 라는 생각이 든다. 이렇게, 나무가 내어주는 '어진 사랑'의 덕으로 인간들은 그 나무에 기대고, 의지하며, 때론 그 잎사위 그늘 아래에서 쉴 수도 있게 되는 것이다.

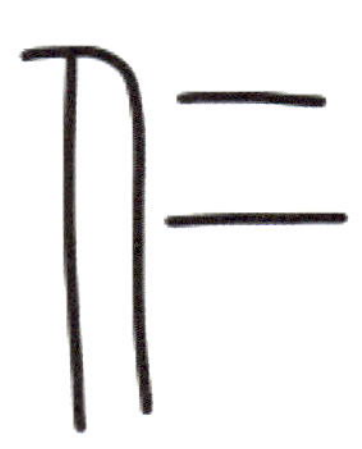
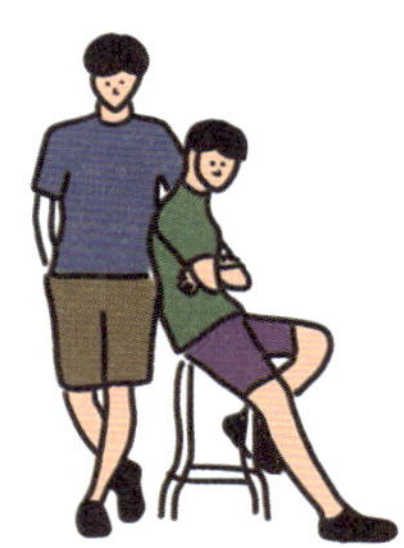

인(仁)

나무의 '어진 사랑'

Q2.
간/담이 주관하는 기능은 무엇입니까?

우리 인체의 장부들 중에 중요하지 않은 기관이 어디 있겠느냐마는, 많은
장부들 중에 간은 그 크기가 제일 큰 만큼, 그 역할도 다양하며 중요하다. 그래서
그런지, 우리들의 관습적 언어 표현에서 감정 상태를 '간'의 반응으로 표현하는
경우가 매우 많다.

예를 들어, 화가 났을 경우, "간에 천불이 난다"(박경리, 1988), 또는 "간이
뒤집히다"(박완서, 2002)라는 표현이 있다. 이러한 분노의 감정뿐 아니라, 기쁠
때에는 "간이 널브러지다", 걱정 혹은 생각이 많을 때에는 "간이 (바짝바짝)
마르다", "애간장을 태우다", 슬플 때에는 "간장을 끊어낸다", "애간장이
녹아내린다", 그리고 두렵고 공포스러울 때에는 "간이 콩알만해졌다", "간이
쫄아들었다" 등의 간에 관련된 다양한 표현들이 있다.

그렇다면, 간에는 오직 '분노'의 감정만을 감추고 있는 것 같지는 않다는 생각이
든다. 그도 그럴 것이, 간은 인체의 신진대사(新陣代謝: metabolism) 작용을 주관하고
있는데, 장(腸)에서 흡수된 음식물을 여러 기관에 적합하도록 변화시켜 각 조직에
운반하고, 노폐물은 다시 간으로 보내져 간에서 처리된다. 이러한 기능을
완수하려면 각 기관의 특성을 파악하고 관리를 잘 해야만 한다. 그렇기 때문에,
동양의학에서는 간을 장군(將軍)의 장부라고도 한다(안도균, 2015, p. 157).

　장군은 전쟁을 치르기 전에 해야 할 일이 참으로 많다. 우선 적을 잘 알아야 하며, 적진은 물론 자신의 군영을 잘 살피고 계책을 세워야 하며, 계획대로 실행할 수 있어야 한다. 이를 '소설(疏泄)' 작용이라 하는데, '소(疏)'는 소통할 '소'라는 의미로, 길을 가는 데 있어 막힘없이 물 흐르듯이 순조롭다는 뜻이며, '설(泄)'은 '새다', 혹은 '흩어지다'라는 의미로 '일어나다', '발생하다' 등의 뜻을 내포한다.

　그러므로, 간의 생리학적 기능인 '소설' 작용이 가능하게 하기 위해서, 간은 담즙을 생산하여 장(腸)으로 배출시켜 영양소의 흡수를 돕고, 혈관 속 체액의 단백질을 조절하는 알부민을 합성하여 혈관과 조직 사이의 삼투압 조절을 도우며, 혹시라도 모를 예기치 못한 해로운 물질이나 독소를 없애주는 역할까지 해낸다. 그 밖에도 중요한 여러 가지 역할을 담당하기 때문에 우리 몸의 '장군'인 '간'을 잘 보살펴야 함은 아무리 강조하여도 지나치지 않는다.

　이렇게 간(肝)에서 계획된 업무를 수행하기 위해서는 담(膽)의 결단력이 필요하다. 그렇기 때문에, 우리의 관습적 언어 표현에서, 결정을 못 내리고 우유부단한 사람한테 "쓸개가 빠졌다"라고 하며, 용기가 없고 두려움에 떨 때에 "담이 서늘하다"라는 표현을 한다.

담, 혹은 담낭(쓸개)이라고도 하는데, 이는 간에서 생성된 담즙을 저장하여 필요하다고 판단될 때에 즉시 십이지장으로 분비하여 지방뿐 아니라 다른 영양분도 효율적으로 흡수될 수 있도록 원활한 소화과정을 돕는다.

이러한 판단을 내리는 작용 덕분으로, 동양의학에서는 담을 "중정지관(中正之官)"이라고도 하는데, 이는 재판관 혹은 법관이라는 의미로 해석할 수 있다. 그러므로, 비록 인체의 아주 작은 기관이지만, '담'의 결단력에 감사한 마음을 가져야 한다. 재판관이 없으면, 우리 몸 안의 질서는 파괴될 것이기 때문이다.

간과 담 (장군과 재판관)

Q3.
간/담을 위한 움직임 탐구

국선도의 행공 중에, 인체 장부의 기능을 활성화시키기 위한 기신법(氣身法)은
5개의 행법으로 구성되어 있는데, 이들 중에 왼쪽으로 진행하는 목법(木法)이
간(肝)의 기운을 원활하게 흐르도록 고안한 동작이다. 왼쪽으로 진행하는
목법(木法)이 간(肝) 기운의 강화 운동이라면, 오른쪽으로 진행하는 목법(木法)은
담(膽) 기운의 강화 운동이다. 이 동작을 수행할 때에는 간과 담 경락의 흐름이
순조롭게 운행될 수 있도록 동작과 호흡이 조화를 이루며 자연스럽게 해야 한다.

국선도의 '기신법(氣身法)' 외에도 숨 내쉬기를 장부와의 관계로 연결시킨 '여섯
글자 소리내기'가 중국 양생술의 하나로 전해져 내려오는데, 이를 '육자결(六字訣)'
이라 한다(「활인심방」 pp. 236~249).

숨을 들이마실 때에는 자연스럽게 마치 새로운 기운이 들어온다는 생각으로
코로 들이마시며, 숨을 내쉴 때에는 해당 장부와 경락의 흐름이 순조롭게 할 수
있도록, 묵은 기운을 내보낸다는 생각으로 입으로 토해내듯이 해야 한다.

이때 소리내기를 하는데, 목(木) 기운의 활성화를 위해서는 '噓'라고 중국의
옛 문헌에 쓰여 있으나, 퇴계 선생님의 「활인심방」에서는 "휴~~"라고 한글로
제시되어 있다. 한자인 "噓"는 옥편에서의 발음(호)과는 다르지만, 퇴계 선생님이

중국사람의 발음 그대로 "휴~~"라고 소리내자는 취지로 한글로 기록했을 것이라 사료된다.

　나는 국선도의 기신법 중의 목(木)법을 수행할 때, 활인심방의 '육자결'을 병행한다면, 간과 담의 기능 활성도를 더욱 높일 수 있으리라 생각하며 다음과 같이 수행법을 제안한다.

〈간(肝)을 위한 상생의 춤: 목법(왼쪽 방향) + 육자결(휴~~)〉

　간장의 기혈(氣血)이 운행되는 흐름은 다음과 같다.

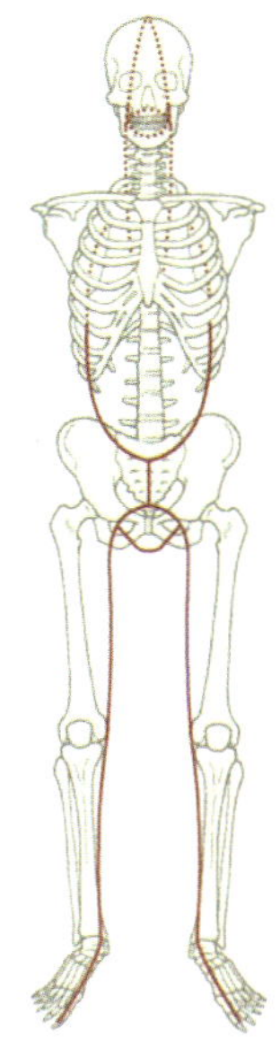

간장 경선(Liver Meridian

간장 경선은 근막의 심부 전방선 흐름과 거의 일치하는 경로를 보여준다.

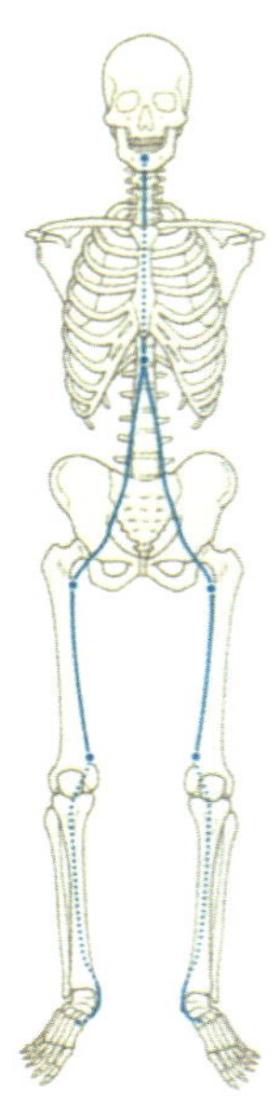

심부 전방선(Deep Front Line)

앞 그림의 간장 경선과 근막 경로(심부 전방선)를 마음속으로 생각하면서
수행하면 도움이 된다.

1

준비 자세:
숨을 깊게 들이마신 상태에서,
약 1/3 정도 숨을 토해내고,
잠시 멈춘 후,
단전에 기(氣)를 모으며
준비 자세를 취한다.
(왼손이 앞으로)

2

'휴~~'라고 소리를 내며
숨을 내쉬면서, 왼발을
오른발 옆에 갖다 놓으며
교차한 양손을 천천히
단전 부위로 내린다.

3

숨을 들이 마시면서 천천히
교차한 양손을 그대로 유지하며
기운을 끌어 올린다는 생각으로
양손을 앞머리 위까지
들어 올린다. (참조: 간장 경선)

4	5	6

'휴~~'라고 소리를 내며
숨을 내쉬면서, 양손을
대각선으로 내리며 몸 뒤쪽으로
가게 한다. 이때에 손끝의
긴장을 풀며, 간장 경락을 따라
머리에서 발끝까지 기운을
내려 보낸다. (참조: 간장 경선)

숨을 들이 마시면서
양팔을 몸통 옆에 살짝 갖다
놓으면서 왼발을 한 걸음 앞으로
내디디며 무릎을 세우고,
오른쪽 무릎은 바닥에
닿을 듯 말 듯 내려 놓으며
오른쪽 발가락으로
힘을 받쳐준다.

팔꿈치를 굽히며 몸통에서
주먹하나 들어갈 정도로 간격을
두고, 손가락 끝에 힘을 주며,
마치 양손으로 무거운 물체를
드는 듯이 손바닥을 하늘로
향하게 하며 양손을 간(肝)
부위까지 끌어 올리고
약 3초 동안 그대로 머문다.

<table>
<tr><td align="center">

7

'휴~~'라고 소리를 내며 숨을
내쉬면서, 몸을 세우고 앞으로
내디뎠던 왼발을 오른발 옆으로
갖다 놓으며, 양손을 교차시켜
단전 앞으로 모은다.
(오른손이 앞으로)

</td><td align="center">

8

숨을 들이 마시며, 양팔을
수평으로 들었다가, '휴~~'라고
소리를 내며 숨을 내쉬면서
숨고르기를 해주며 다음 동작의
준비 자세를 취한다.
(오른손이 앞으로)

</td></tr>
</table>

〈담(膽)을 위한 상생의 춤: 목법(오른쪽 방향) + 육자결(휴~~)〉

담낭의 기혈(氣血)이 운행되는 흐름은 다음과 같다.

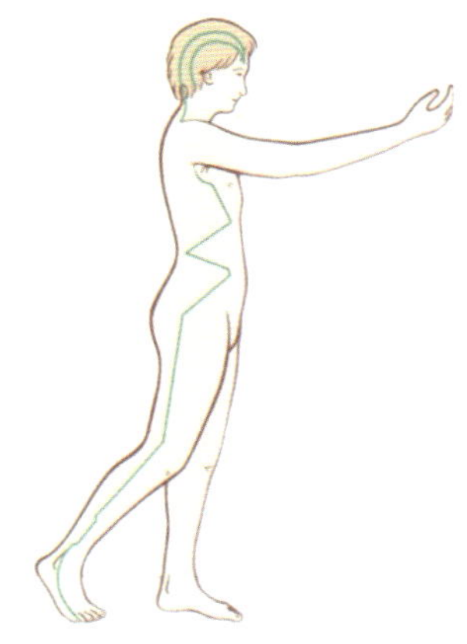

담낭 경선(Gallbladder Meridian)

담낭 경선은 근막의 외측선 흐름과 거의 일치하는 경로를 보여준다.

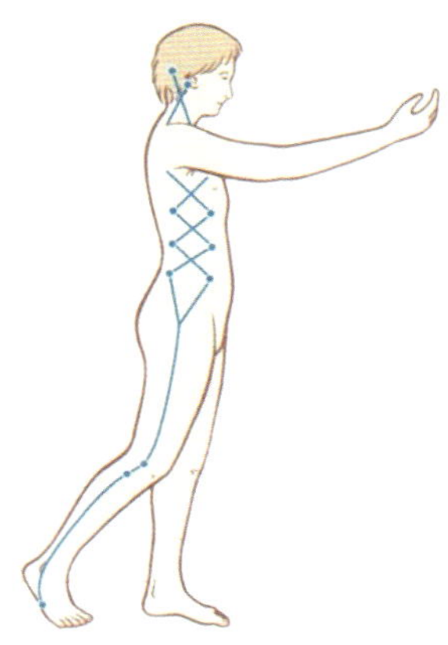

외측선(Lateral Line)

앞 그림의 담낭 경선과 근막 경로(외측선)를 마음속으로 생각하면서 수행하면
도움이 된다.

1	2	3
준비 자세: 숨을 깊게 들이 마신 상태에서, 약 1/3 정도 숨을 토해내고, 잠시 멈춘 후, 단전에 기(氣)를 모으며 준비 자세를 취한다. (오른손이 앞으로)	'휴~~'라고 소리를 내며 숨을 내쉬면서, 오른발을 왼발 옆에 갖다 놓으며 교차한 양손을 천천히 단전 부위로 내린다.	숨을 들이 마시면서 천천히 교차한 양손을 그대로 유지하며 기운을 끌어 올린다는 생각으로 양손을 앞머리 위까지 들어 올린다. (참조: 담낭 경선)

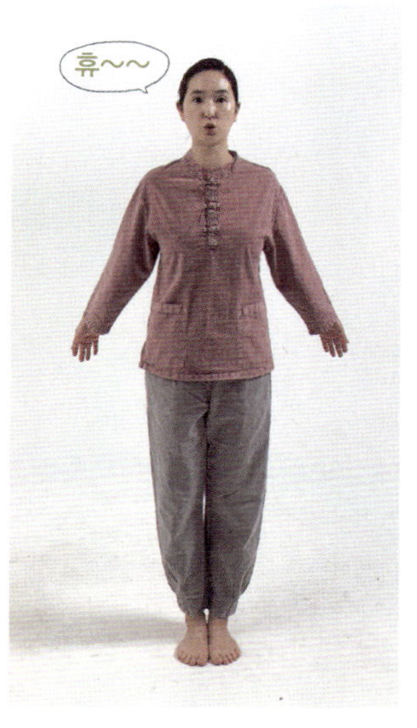

4

'휴~~'라고 소리를 내며
숨을 내쉬면서, 양손을
대각선으로 내리며
몸 뒤쪽으로 가게 한다. 이때에
손끝의 긴장을 풀며, 담 경락을
따라 머리에서 발끝까지
기운을 내려 보낸다.
(참조: 담낭 경선)

5

숨을 들이 마시면서 양팔을
몸통 옆에 살짝 갖다 놓으면서
오른발을 한 걸음 앞으로
내디디며 무릎을 세우고,
왼쪽 무릎은 바닥에 닿을 듯
말 듯 내려 놓으며
왼쪽 발가락으로
힘을 받쳐준다.

6

팔꿈치를 굽히며 몸통에서
주먹 하나 들어갈 정도로 간격을
두고, 손가락 끝에 힘을 주며,
마치 양손으로 무거운 물체를
드는 듯이 손바닥을 하늘로
향하게 하며 양손을 담(膽)
부위까지 끌어 올리고
약 3초 동안 호흡을 참는다.

7

'휴~~'라고 소리를 내며 숨을
내쉬면서, 몸을 세우고 앞으로
내디뎠던 오른발을 왼발 옆으로
갖다 놓으며, 양손을 교차시켜
단전 앞으로 모은다. (왼손이 앞으로)

8

숨을 들이 마시면서 양팔을 수평으로
들었다가, '휴~~'라고 소리를 내며
숨을 내쉬면서 숨고르기를 해주며
다음 동작의 준비 자세를 취한다.
(왼손이 앞으로)

인체 장부의 기능을 단련하는 수련법 중의 하나인 「오금희(五禽戱)」는 약 이천여 년 전, 중국에서 의술과 양생술을 깊이 연구한, 신의(神醫)라고 불린, '화타(華佗)'가 창안하였다.

다섯 가지 조수(鳥獸: 새를 포함한 5가지 짐승)의 움직임 특성과 선천적인 속성 등을 고려하여 만들어진 「오금희(五禽戱)」에서는 '곰'을 목(木)에 배속시켰다. 이는, 아마도 곰의 묵직한 체구와 걷는 모습, 그리고 천성적인 특징이 땅속 깊이 뿌리를 내리고 있는 나무(木)와 닮아있다고 생각했기 때문이라 사료된다.

중국의 호남성, 마왕퇴 묘에서 나온 "도인도(導引圖)"에 그려진 여러 가지 자세들 중에서 곰의 움직임 특성을 담고 있다고 생각되는 그림 몇 점들을 골라보았다.

마왕퇴 「도인도」	「오금희」 중, 곰의 움직임
	곰이 허리를 구부리다.

곰이 왼쪽으로 중심을 옮기다.

곰이 장부를 꿈틀거리게 하다.

곰이 오른쪽으로 중심을 옮기다.

곰이 어깨와 사타구니를 움직이다.

(참고 자료: 지부, 2010; 장경영 외, 2011; 곽정헌, 2018)

곰은 다른 동물들에 비해 막중한 몸통을 과시한다. 그러나 그 움직임은 둔한 것 같지만, 상당히 유연하다. 북극곰이 강물을 거슬러 올라가는 연어를 덥석 물어 잡는 모습을 상상해 보면, 곰의 움직임이 그다지 느리지만은 않다는 것을 쉽게 알 수 있다. 또한, 우리 한국 속담에 "곰이 가재 잡듯 하다"라는 표현이 있는데, 움직임이 둔한 곰이 개천 돌을 뒤집으며 가재를 잡는다는 뜻으로, 느리지만 침착하면서도 민첩한 곰의 움직임을 잘 묘사한 속담이라 할 수 있다.

이러한 곰의 움직임 특성을 창의적으로 확장된 동작 구성으로 수행해본다면, 목(木)에 배속된 '간장'과 '담낭'의 기능이 개선되지 않을까(?) 기대해본다.

앞서 제시한 곰의 동작을 수행할 때에, 숨을 들이마실 때에는 4박자 동안 코로 들이마시고, 코로 들어 온 공기(산소)가 온몸을 7박자 동안 퍼지게 하고, 숨을 내쉴 때에는 8박자 동안 휴~~ 소리를 내며, 간과 담낭으로 묵은 기운을 내보낸다는 생각으로, 들이마신 시간보다 두 배로 더 길게 내뱉는다. 반복적으로 동작을 수행하게 되면, 하품이 나오면서 자율신경계의 균형이 조절되는 듯한 체험을 하게 된다.

화
(火 : Fire)

Q1. 화(木)에 배속된 장부(臟腑)와 이에 관련된 속성들은 무엇입니까?
Q2. 심장/소장이 주관하는 기능은 무엇입니까?
Q3. 심장/소장을 위한 움직임 탐구

Q1.
화(火)에 배속된 장부(臟腑)와 이에 관련된 속성들은 무엇입니까?

오행(五行) 중에, 화(火)에 배속되어 있는 장부는 심장(心臟)과 소장(小腸)이다. 심장(心臟: Heart)은 좌측 상복부에 흉골을 기준으로 심장의 2/3는 왼쪽에, 1/3은 오른쪽에 위치해 있다. 그 크기는 간보다는 작지만, 자신의 주먹보다는 약간 큰 장부이다. 소장(小腸: Small Intestine)은 위장과 대장 사이에 위치해 있는 우리 몸 안에서 가장 긴 장기(臟器)이다.

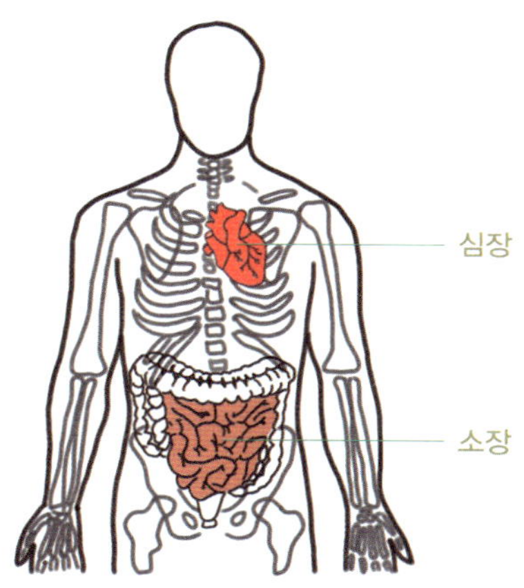

심장과 소장 (출처: magicmine)

　화(火)의 기상(氣象)은 여름의 더운 열기가 흩어져 퍼지는 기운으로, 혈맥을 통하여 가슴 중앙에 위치한 심장(心臟)의 중심을 해체시키려는 산포(散布) 능력과 소장(小腸)이 음식물을 받아서 변화시키려는 수성화물(受盛化物) 능력과 닮아있다고 본다.

　이러한 기운은 '기쁨'이라는 감정과 연결지을 수 있는데, 우리의 감정 표현에서 "심장이 터질 듯이 기쁘다", 혹은 "창자가 끊어질 듯이 웃었다"라는 관습적 언어로 표현되며, 이때 크게 웃거나, 배꼽을 잡고 까르르 웃게 된다.

심장이 터질 듯이 기쁘다.

배꼽을 잡고 까르르 깔깔

　우리는 가끔 축구 혹은 다른 운동 경기장에서 자신이 응원하는 팀이 이겼을 때 크게 환호하다가 심장에 문제가 생기는 경우를 본 적이 있을 것이다. 또는, 별일도 아닌데 자꾸 히죽거리며 웃는 사람도 볼 수 있을 것이다. 이는 기(氣)가 느슨해졌기 때문이다. 우리는 이런 사람을 보고 "혼자 정신 나간 사람처럼 혹은, 실성한 사람처럼 웃는다."라는 표현을 쓴다. 실성(失性)하다는 "정신에 이상이 생겨 본 정신을 잃다"라는 의미이다. 그렇기 때문에 신(神)을 오행 중의 화(火)에 배속시키지 않았나 생각한다.

　'신(神)'이란 "귀신(鬼神)', 신령(神靈), 정신(精神), 혼(魂), 마음" 등의 의미를 지닌 한자어로, 보인다는 뜻의 '시(示)' 자와 펼친다는 뜻의 '신(申)' 자가 합쳐진

글자이다. ‘시(示)’ 자는 신에게 제사를 지낼 때 제물을 올려놓는 제단을 그린
것으로, 신에게 제사를 지내면 운이 좋고 나쁨이 보인다라는 의미를 내포하고
있다. ‘신(申)’ 자는 번개가 내리치는 모습을 그린 것으로, 옛사람들은 번개는
신(God)과 관련된 것으로 생각하여, 신(申) 자를 ‘하늘의 신(God)’이란 의미로
사용하였다. 그러나 후에 ‘신(申)’ 자에 ‘펴다’라는 의미가 더해지면서, ‘신(神)’은
천체의 여러 가지 변화를 일으키는 ‘신(God)’ 혹은 ‘신(God)의 행위’라는 의미와
함께, “인체에서 일어나는 모든 사유, 감정, 정서 등의 흐름”을 주관하는 전반적인
정신 활동을 내포한다. 그렇기 때문에, 인체의 장기 중에서 유통시키고 퍼뜨리는
즉, 산포(散布) 하려는 성질이 있는 ‘심장(心臟: Heart)’과 ‘신(神)’을 연결시켜
이해하지 않았나 생각된다.

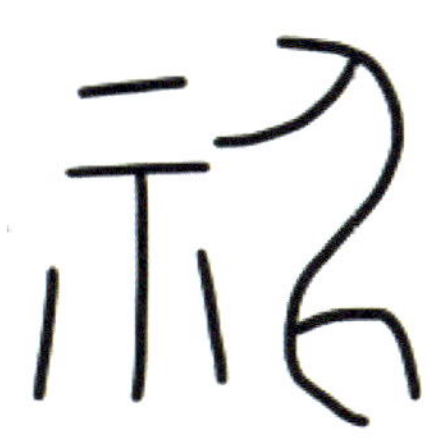

신(神)

　　이러한 신(神)의 정신활동은 화(火)에 배속된 예(禮)에 맞게 행해져야 한다.
‘예(禮)’란 “예도(禮度), 예절(禮節), 남에게 공경하는 뜻으로 몸을 굽히며 하는 인사,
의식” 등의 의미를 지닌 한자어로, 보인다는 뜻의 ‘시(示)’ 자와 예도를 뜻하는
‘례(豊)’ 자가 합쳐진 글자이다. ‘례(豊)’ 자는 수확한 곡식을 그릇에 가득 담은
모습을 그린 글자로, ‘예도’라는 뜻을 갖고 있었으나, 후에 ‘풍성하다’, ‘풍부하다’
라는 의미로 사용되었다 한다.

　　옛날부터 제사를 지낼 때는 음식을 풍성하게 차려놓고 예의를 다하였다고
하는데, 유교 사상에서는 '예(禮)'를 "밖으로 높이 성장하여 높고 낮음의 서열과
오른쪽과 왼쪽의 구별을 분명히 하여 하늘의 이상을 실현하는 덕목"이라 하였다.
이 '예(禮)'를 오행 중의 '화(火)'에 배속시켰는데, 이는 예(禮)의 덕목이 '화(火)'의
성질인, 불길이 솟아올라 넓게 비추려는 특성과 닮아있기 때문이라 사료된다.

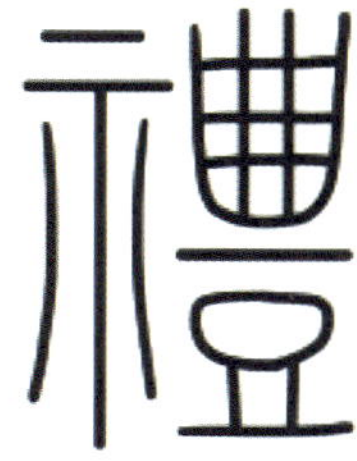

예(禮)

심장/소장이 주관하는 기능은 무엇입니까?

심장이 멎으면 우리는 죽는다. 심장은 수축과 이완을 통해 산소와 영양분을 실은 혈액을 온몸으로 순환시켜 주고, 이산화탄소와 노폐물을 수거해가는 역할을 담당한다. 매우 중요한 역할이다. 그렇기 때문에 기쁨을 표현할 때뿐 아니라, 두려움이나 긴장이 극도로 달했을 때에 "심장이 멎을 것 같다", "심장이 오그라드는 것 같다"라는 강한 표현을 하게 된다. 이러한 막중한 역할 때문에 동양의학에서는 심장을 군주(君主)의 장부라고도 한다(안도균, p. 170).

군주(君主)의 장부 = 심장

　군주(君主)란 나라를 이끄는 최고 지위에 있는 사람으로, 구성원인 국민 모두를 다스리고 그들이 국가의 보호 하에 편안하게 살도록 해야 하는 임무를 띠고 있다. 심장으로부터 뿜어져나온 혈액은 혈관을 통해 인체 구석구석을 돌며 각 조직에 필요한 물질을 전달하고, 노폐물을 수거한 뒤 다시 심장으로 되돌아온다.

　자신의 몸의 정치를 잘하기 위해서 군주는 이념의 중심이 되어 열린 마음으로 각 기관과 소통하고, 이에 예민하게 반응하며, "열림과 반응"의 정치를 하여야 한다. 불빛의 넓고 환하게 비추려는 특성처럼 심장은 넓게 퍼뜨리려는 기능, 즉 중심을 해체하는 기능을 잘할 수 있어야 건강한 것이고, 이를 억압하게 되면 혈액순환에 문제가 생기게 된다. 혈액순환에 문제가 생기게 되면, 바깥으로부터의 나쁜 기운이 침범하기 쉬워진다.

　우리 몸의 군주인 심장이 약하게 되면 외부의 나쁜 기운이 자신의 몸을 업신여기며 쉽게 침입해 들어오는 것과 같은 맥락이다. 더욱이, 심장은 신(神)을 주관하기 때문에, 외부로부터 병을 일으키는 나쁜 기운이 침입해 들어오면, 신(神)을 어지럽히게 되어 결국에는 정신질환으로까지 진행될 수 있으므로, 심장의 중요성은 아무리 강조를 하여도 지나치지 않는다.

　이와 같은 심장의 "열림과 반응"의 구조 원리는 소장(小腸)의 소화 운동과 맞닿아 있다. 소장은 위(胃)에서 내려보내 준 음식을 받아서 우리 몸에 필요한 물질로 변환시키기 때문이다. 소장으로 내려온 음식물은 화(火)의 기운으로 잘게 쪼개져서 필요한 물질은 흡수되고, 찌꺼기는 맑은 것과 탁한 것으로 구분되어 해당 기관에 보내진다.

　우리의 관용적 표현에서 소장(小腸), 즉, 창자를 일컬어 '배알' 혹은 '밸'이라고도 하는데, "배알이 꼴리다"라는 말은 창자가 꼬일 정도로 몹시 기분이 나쁘고, 불편하다는 의미이다. 또는, "너는 배알도 없냐?"라는 표현도 있는데, 이때에는 '배알'이 '자존심'이라는 의미로 간주된다. 이렇듯, 소장(小腸)이 우리의 감정 중에서 오직 '기쁨'하고만 연관되어 있지는 않은 듯하며, 오히려 일반적인 기분(氣分) 상태와 매우 밀접하게 연결되어 있는 듯하다. 이는 아마도 소장(小腸)이 우리 몸의

소화기관이기 때문이지 않을까 사료된다. 간단히 말해서, 소화가 잘되면 기분이
좋고, 소화가 안 되면 기분이 안 좋다. 이와같이 화(火) 기운의 적절한 운행으로
심장과 소장이 음과 양의 조화로운 순환 기능을 수행할 수 있게 된다.

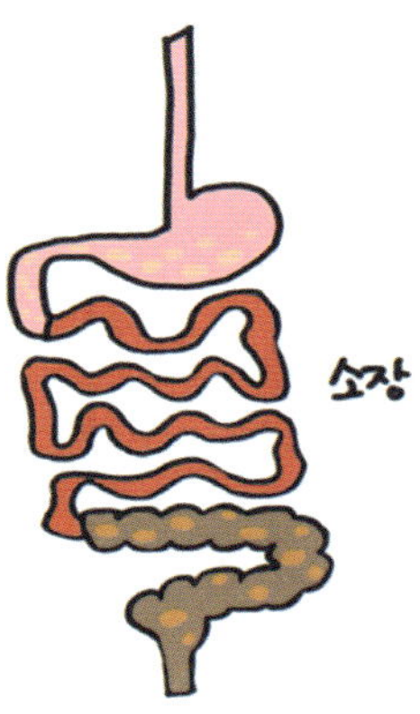

수성화물(受盛化物) 기관 = 소화기관 (소장에서의 소화과정)

Q3.
심장/소장을 위한 움직임 탐구

국선도의 기신법(氣身法) 중에서, 왼쪽으로 진행하는 화법(火法)이 심장(心臟)의 기운을, 오른쪽으로 진행하는 화법(火法)이 소장(小腸)의 기운을 활성화시키도록 고안된 동작이다. 앞서 설명한, '육자결(六字訣)' 중에서는 화(火) 기운을 강화시키기 위하여 "후ㅓ~~"라고 소리내기를 하며, 심장으로 묵은 기운을 보낸다는 생각으로, 숨을 입으로 토해내듯이 내쉬라고 제안한다. 중국 문헌에는 "呵"라고 쓰여 있으나, 한자인 "呵"는 옥편에서의 발음은 "하"이지만, 「활인심방」에서는 "후ㅓ~~"라고 소리내기를 하도록 기재되어 있다.

국선도의 화법(火法) 수행 시, 숨을 내쉴 때에, '육자결'의 "후ㅓ~~"소리내기를 병행한다면, 심장과 소장의 기능을 더욱 활성화시킬 수 있으리라 사료되어 다음과 같은 수행법을 제안한다.

〈심장(心臟)을 위한 상생의 춤: 화법(왼쪽 방향) + 육자결(후ㅓ~~)〉

심장과 심포의 기(氣)와 혈(血)이 운행하는 경로는 다음과 같다.

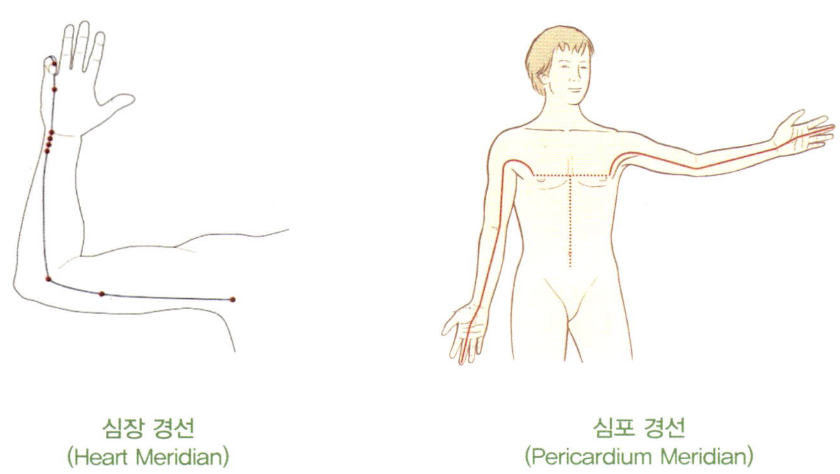

심장 경선
(Heart Meridian)

심포 경선
(Pericardium Meridian)

심장과 심포의 경선이 근막의 표면 전방 상지선과 거의 일치하는 경로를
보여주고 있다.

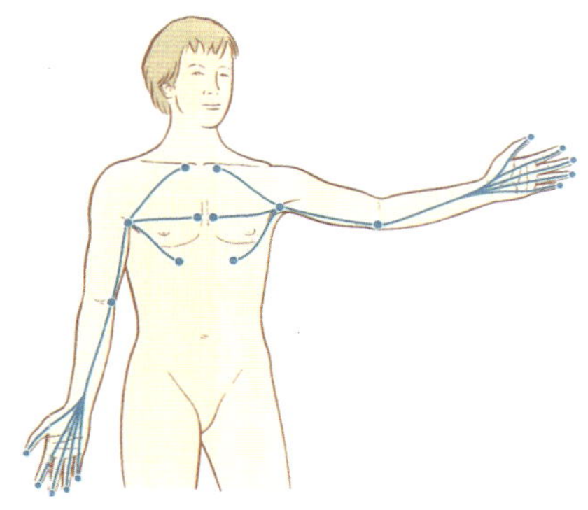

표면 전방 상지선
(Superficial Front Arm Line)

앞 그림의 심장 경선과 심포 경선, 그리고 표면 전방 상지선을 마음속으로
생각하며 동작을 수행할 것을 권장한다.

1	2	3
준비 자세: 숨을 깊게 들이 마신 상태에서, 약 1/3 정도 숨을 토해내고, 잠시 멈춘 후, 단전에 기(氣)를 모으며 준비 자세를 취한다. (왼손이 앞으로)	'후ㅓ~~'라고 소리를 내며 숨을 내쉬면서, 교차된 양손을 서로 밀고 당기듯 둥글게 유지하며, 오른쪽 갈비뼈에서 오른쪽 옆구리를 지나 왼쪽 옆구리 쪽으로 내려준다.	숨을 들이 마시며 양손을 둥글게 유지한 채, 상체와 함께 큰 원을 그리며, 오른쪽 머리 위로 멀리 뻗어 올린다.

4 5

'후ㅓ~~'라고 소리를 내며 숨을 내쉬면서, 왼발을 왼쪽으로 내디디며, 왼쪽 무릎을
약 90° 정도까지 구부리면서, 양팔을 쭉 뻗으며 허리를 왼쪽으로 굽혀준다.
(이때, 심장 경선과 심포 경선을 생각하며 기운을 다섯째 손가락과 셋째 손가락까지 보낸다.)

6 7

숨을 들이 마시면서, 무게 중심을 오른발로 옮기면서, 오른쪽 무릎을 굽혀주며,
손바닥을 앞에서 보이도록 완전히 젖혀주면서 오른손을 오른쪽 겨드랑이 쪽으로 당기며 가슴을
활짝 펴준 후, 약 3초 정도 정지한다. (이때, 코로 들이 마신 신선한 기운을 심장으로 보낸다.)

<table>
<tr><td align="center">8</td><td align="center">9</td></tr>
</table>

'후ㅓ~~' 소리를 내며 숨을 내쉬면서, 양손을 교차시키며 단전 앞으로 모으면서, 왼발을 오른발 옆에 놓는다.

숨을 들이 마시며, 양팔을 수평으로 들었다가, '후ㅓ~~' 소리를 내며 숨을 내쉬면서, 숨 고르기를 해주며 다음 동작을 위한 준비 자세를 취한다. (오른손이 앞으로)

<소장(小腸)을 위한 상생의 춤: 화법(오른쪽 방향) + 육자결(후ㅓ~~)>

소장의 기(氣)와 혈(血)이 운행하는 경로는 다음과 같다.

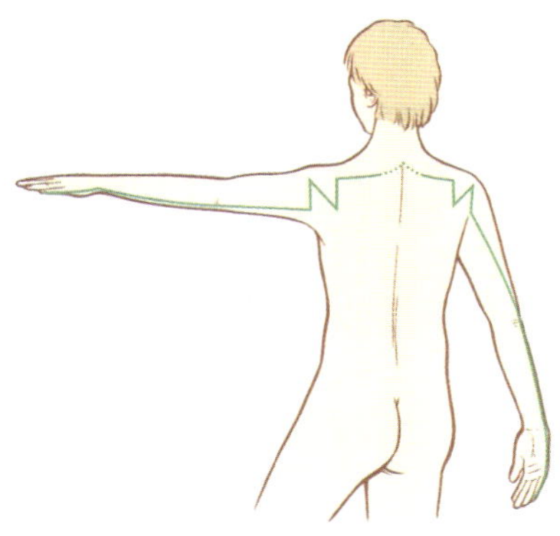

소장 경선
(Small Intestine Meridian)

소장 경선은 근막의 심부 후방 상지선과 거의 일치하는 경로를 보여주고 있다.

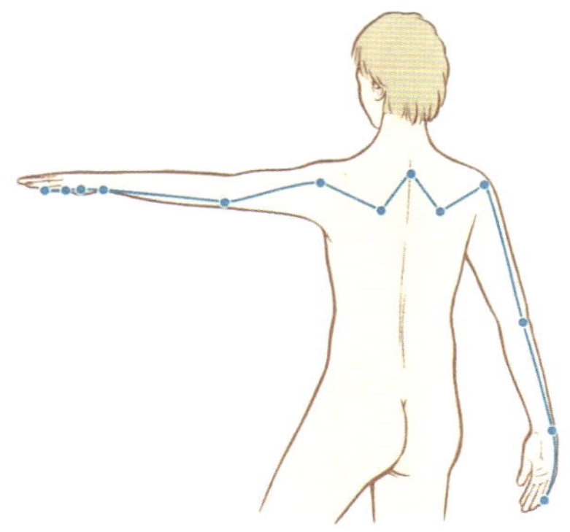

심부 후방 상지선
(Deep Back Arm Line)

앞 그림의 소장 경선과 심부 후방 상지선을 마음속으로 생각하며 동작을 수행할 것을 권장한다.

1	2	3
준비 자세: 숨을 깊게 들이 마신 상태에서, 약 1/3 정도 숨을 토해내고, 잠시 멈춘 후, 단전에 기(氣)를 모으며 준비 자세를 취한다. (오른손이 앞으로)	'후ㅓ~~'라고 소리를 내며 숨을 내쉬면서, 교차된 양손을 서로 밀고 당기듯 둥글게 유지하며, 왼쪽 갈비뼈에서 왼쪽 옆구리를 지나 오른쪽 옆구리 쪽으로 내려준다.	숨을 들이 마시면서 양손을 둥글게 유지한 채, 상체와 함께 큰 원을 그리며, 왼쪽 머리 위로 멀리 뻗어 올린다.

4   5

'후ㅓ~~'라고 소리를 내며 숨을 내쉬면서, 오른발을 오른쪽으로 내디디며,
오른쪽 무릎을 약 90° 정도까지 구부리면서, 양팔을 쭉 뻗으며 허리를 오른쪽으로 굽혀준다.
(이때, 소장 경선을 생각하며 기운을 다섯째 손가락까지 보낸다.)

6   7

숨을 들이 마시면서, 무게 중심을 왼발로 옮기면서, 왼쪽 무릎을 굽혀주며, 손바닥을 앞에서
보이도록 완전히 젖혀주면서 왼손을 왼쪽 겨드랑이 쪽으로 당기며 가슴을 활짝 펴준 후,
약 3초 정도 정지한다. (이때, 코로 들이 마신 신선한 기운을 소장으로 보낸다.)

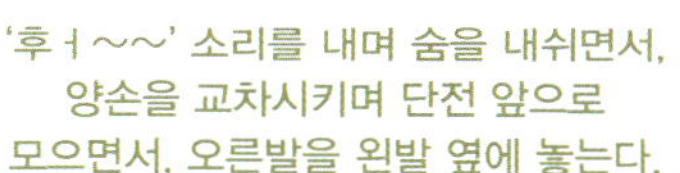

8

'후ㅓ~~' 소리를 내며 숨을 내쉬면서,
양손을 교차시키며 단전 앞으로
모으면서, 오른발을 왼발 옆에 놓는다.

9

숨을 들이 마시며, 양팔을 수평으로
들었다가, '후ㅓ~~' 소리를 내며 숨을
내쉬면서, 숨 고르기를 해주며 다음
동작을 위한 준비 자세를 취한다.
(왼손이 앞으로)

화타(華佗)가 창안한 「오금희(五禽戲)」에서는 '새'를 화(火)에 배속시켰다. '새'는 날개를 활짝 펴서 자유자재로 하늘을 난다. 이러한 움직임 특성이 기(氣)와 혈(血)을 전신으로 산포하려는 불(火)의 기운과 연관되어 있다고 생각된다.

　중국의, 마왕퇴 묘에서 발굴된 "도인도(導引圖)"에 그려진 44가지 움직임 동작 중에서 새의 움직임 특성을 내포한 그림 몇 점들을 살펴보면 다음과 같다.

새가 오른쪽 날개를 퍼덕이다.

새가 다리를 꼬듯이 걸으며 날개를 펼치다.

새가 날다.

(참고 자료: 지부, 2010; 장경영 외, 2011; 곽정헌, 2018)

동양권에서 '새'라고 하면, 주로 '백학'이 자주 등장한다. '백학'은 추운 겨울에 한반도를 찾아오는 두루미과의 철새로, 예부터 신선이 하늘로부터 내려올 때 타고 내려온다고 믿었던 상서로운 새이다. '장수(長壽: longevity)'를 의미하는 '학'의 움직임을 생각하면서 창의적인 동작으로 확장시켜 수행한다면 혹시, 화(火)에 배속된 '심장'과 '소장'의 기능이 활성화되지 않을까(?) 기대해본다.

앞서 제시한 새의 동작을 수행할 때에, 숨을 들이마실 때에는 4박자 동안 코로 들이마시고, 코로 들어온 공기(산소)가 온몸을 7박자 동안 퍼지게 하고, 숨을 내쉴 때에는 8박자 동안 휘~~ 소리를 내며, 심장과 소장으로 묵은 기운을 내보낸다는 생각으로, 들이마신 시간토다 두 배로 더 길게 내뱉는다. 반복적으로 동작을 수행하게 되면, 내 몸이 언제 긴장을 했냐는 듯이 편해지는 체험을 하게 된다.

우리 한국의 전통 춤 중에서, 「학춤」이 이러한 양생의 목적으로 안무되었는지는 확인하기 어렵지만, 「학춤」이 분명 양생의 효과가 있을 것이라 추측된다.

동래학춤 (출처: www.sisamagazine.co.kr)

토

(土: Earth)

Q1. 토(土)에 배속된 장부(臟腑)와 이에 관련된 속성들은 무엇입니까?
Q2. 비장/위장이 주관하는 기능은 무엇입니까?
Q3. 비장/위장을 위한 움직임 탐구

토(土)에 배속된 장부(臟腑)와 이에 관련된 속성들은 무엇입니까?

오행(五行) 중에 토(土)에 배속되어 있는 장부는 비장(脾臟)과 위장(胃臟)이다. 비장(脾臟: Spleen)은 왼쪽 신장과 횡격막 사이, 위장의 뒤쪽에, 왼쪽 갈비뼈가 끝나는 곳에 위치해 있으며, 타원형 모양의 누런 색깔을 띤 장부이다. 위장(胃臟: Stomach)은 왼쪽 갈비뼈 바로 아래, 상복부에 위치해 있는 장부이다.

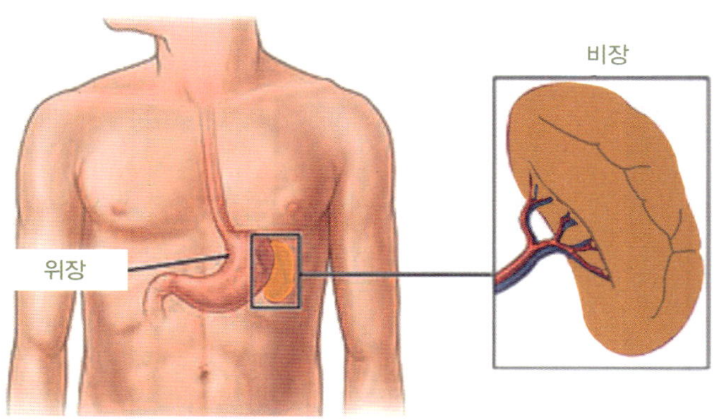

비장과 위장

토(土)의 기상(氣象)은 촉촉한 토양의 기운으로, 계절로는 각 계절을 연결해주는 환절기를 의미한다. 이는 아마도 인체의 중앙에 위치하여 각 방향과의 사이를 연결하고 조절하여, 음식물을 운행하고 변화시키는, 즉 운화(運化) 작용을 주관하는 비장의 역할과 음식물을 받아들여 초보적 소화과정, 즉 부숙(腐熟) 작용, 일종의 발효 작용을 하는 위장의 역할과 같은 맥락으로 이해된다. 이러한 역할을 수행하기 위해서는 '생각(思)'을 해야 하는데, 이 또한 부족해서도 안 되고 지나쳐서도 안 되며, 적당히 '생각을 조절하는 생각'(안도균, p. 186)을 해야 한다.

우리는 생각을 너무 많이 하게 되면, 먹은 음식이 소화도 안 되고 배가 그득하게 부르고, 심지어는 얼굴빛이 누렇게 떴다는 주변 사람들의 걱정을 듣게 된다. 기(氣)가 뭉친 것이다. 또한, 지나치게 생각을 많이 하여, 자신의 입술이 바싹바싹 타는 듯한 경험도 있었을 것이다. 이렇게 소화기관이 약하게 되었을 때, '비위가 약하다'라는 표현을 하게 되며, 음식을 가려먹거나 냄새에도 민감하여 여러 가지 이상 증상을 초래하게 된다.

이와 같이 비위가 약하게 되면, 우리의 관습적 언어 표현에도 있듯이, "비위가 상하다", "비위가 거슬리다", "비위가 뒤틀리다" 등의 신체적 장기의 반응으로 나타난다. 자신의 속이 편치 않으니, 매사에 그 어떤 것도 거슬리지 않는 것이 없을 것이며, 매사가 다 귀찮을 것이다. 기(氣)가 다 소모되었다고 볼 수 있다.

지극히 당연한 이야기이지만, 우리가 생존을 위해서는 음식을 먹고 그 음식을 잘 소화시키는 일일 것이다. 그렇기 때문에 비장과 위장을 출생 후 생명 보전을 위한 가장 중요한 장부라고 한다. 먹은 음식을 제대로 소화시키지 못하면 소화불량이 되고, 생각을 조절할 수 없는 지경에까지 이르게 되어 즉, 기(氣)가 뭉치고 소모되어 결국에는 생각조차 할 뜻(의: 意)이 없게 된다.

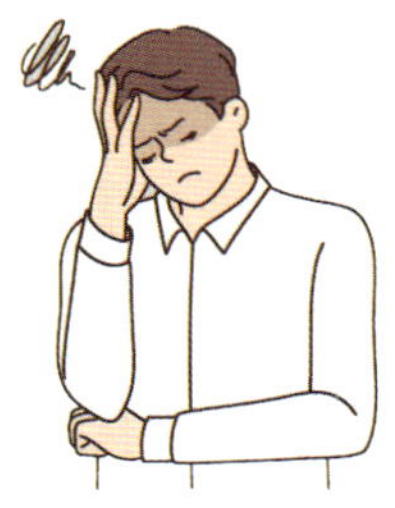

생각을 너~무 지나치게 하면 소화가 잘 되지 않는다.

인간의 마음 상태 중에서 의(意)를 오행 중의 토(土)에 배속시킨 이유라고 생각한다. '의(意)'란 "뜻, 의미, 생각, 사사로운 마음" 등의 의미를 지닌 한자어로, 소리 '음(音)' 자와 마음 '심(心)' 자가 합쳐진 글자로, '마음에서 우러나오는 소리'라는 의미를 담고 있다. 옛 사람들은 생각은 머리가 아닌 마음으로 하는 것으로 믿었기 때문에, '의(意)' 자는 이러한 인식이 반영되어, '마음', '생각'의 의미로 사용되었으며, 이는 외부로부터의 자극을 받아 두루 생각하고 헤아리는 마음의 작용 즉 '의식화(意識化)'하는 정신 활동을 의미한다.

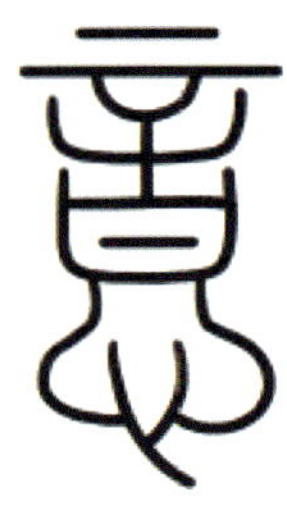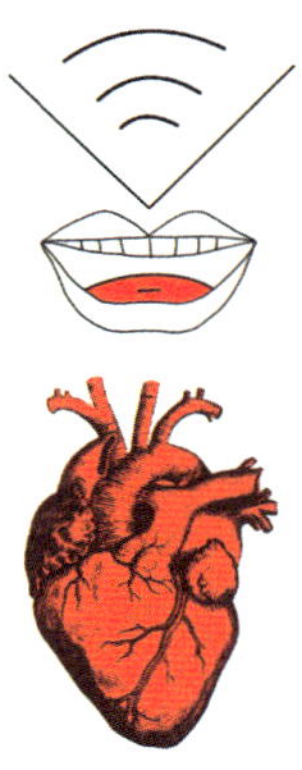

의(意)

‘의(意)’는 인체의 ‘비장(脾臟: Spleen)’에 저장되어 있다고 하는데, 이는 아마도 비장이 가지고 있는 ‘운화(運化)’ 작용 때문이지 않나 하는 생각이 든다. ‘운화(運化)’란 글자 그대로 “음식물이 운송(運)되고 변화(化)한다.”라는 뜻으로, 마음에서 우러나오는 소리를 ‘의식화(意識化)’하고자 하는 ‘의(意)’의 정신 활동과 맞닿아 있다고 사료된다.

이러한 의(意)의 정신 활동은 신뢰(신: 信)할 수 있어야 가능해진다. **‘신(信)’**이란 “믿다, 신임하다, 신뢰하다” 등의 의미를 지닌 한자어로, 사람을 뜻하는 ‘인(人)’ 자와 말씀을 뜻하는 ‘언(言)’ 자가 합쳐진 글자이다. 그러나 ‘신(信)’ 자가 이와 같이 사용되기 전에는 ‘신(㐰)’으로, ‘언(言)’ 자가 아닌, 입을 뜻하는 ‘구(口)’ 자와 ‘인(人)’ 자가 결합하여 쓰여졌으나, 이후 ‘신(信)’ 자로 바뀌게 되면서, 사람의 ‘입’으로 하는 ‘말’은 거짓이 없고 믿을 수 있어야 한다는 본래의 의미가 더욱 명확하게 되었다고 한다.

이러한 의미의 ‘신(信)’은 오행 중의 ‘토(土)’에 배속되어 있는데, 이는 아마도 땅은 거짓이 없기 때문이지 않을까? 라는 생각이 든다. 옛말에도 “콩 심은 데 콩 나고, 팥 심은 데 팥이 난다.”라고 하지 않았던가? 땅은 거짓말을 하지 않는다! 그렇기 때문에, 우리 본성 중의 중요한 덕목인 ‘신(信)’을 ‘토(土)’에 배속시킨 이유가 아닐까(?) 생각된다.

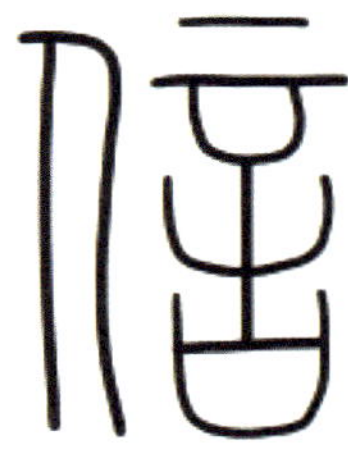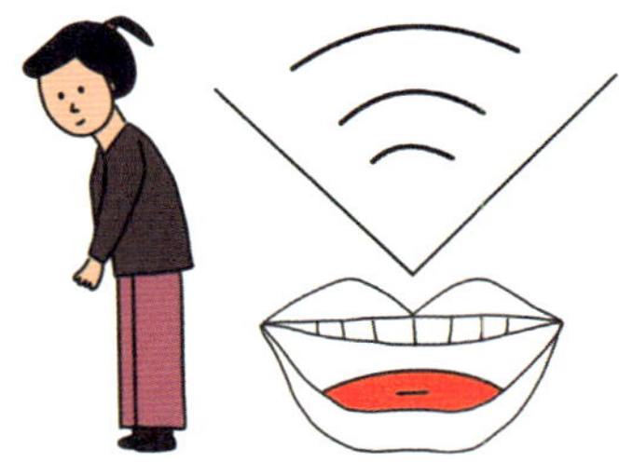

신(信)

콩 심은 데 콩 나고, 팥 심은 데 팥 난다.
(땅은 거짓말을 하지 않습니다.)

Q2.
비장/위장이 주관하는 기능은 무엇입니까?

　　모든 기관이나 조직체에서는 자문위원회, 혹은 자문기관(Advisory Committee)을
두고 있다. 방대한 정보력과 전문적인 지식을 갖춘 위원들로 구성된 위원회는
자문을 구하는 사항이나, 혹은 필요한 부분에 대하여 발생할 수 있는 각종
문제들을 예견하여 미리 예방할 수 있도록 대처 요령 및 전문적인 의견을 낸다.
이렇게 함으로써, 자문위원회는 그 조직이 추구하고자 하는 목표 달성을 도와주며
일종의 방패 역할을 한다.

　　우리 몸에서는 비장(脾臟: Spleen)이 그 역할을 담당하고 있다. 비장의 역할 중
가장 중요하다고 생각되는 기능은 면역 기능이다. 방패막이인 셈이다. 비장은
체내의 면역 세포를 활성화하여 면역력을 강화시켜 외부로부터의 세균이나
바이러스 등의 침입을 막아준다. 만약, 비장의 기능이 약화되었을 경우에는, 각종
전염병뿐만 아니라 가벼운 감기도 이기지 못하고 심하게 앓아 누울 수 있다. 또한
비장은 혈액 내에서 오래된 적혈구와 혈액 내에 유입된 외부물질 등을 여과시켜
혈액의 질을 유지하여 저장하고, 필요한 생리적 요구가 발생하였을 경우 이를
지원하는 역할을 수행한다.

　　동양의학에서는 비장의 역할을 '간의(諫議)'와 '창름(倉廩)'이라고 한다. '간의'는
"웃어른이나 임금에게 옳지 못하거나 잘못됨을 고치도록 말하고, 의논을 한다"라는

의미이고, '창름'은 '물건을 간직하여 두는 곳간(창고)'을 의미한다. 비장의 생리학적 기능과 맞닿아 있다.

간의(諫議)

창름(倉廩) = 곳간

비장의 역할

동양의학에서, 비장을 음(陰: Yin)의 기운으로 본다면, 양(陽: Yang)의 기운은 위장(胃臟)이다. 위장은 음식물을 받아들이고(納), 내려보내는(降) 역할을 담당한다. 뿐만아니라, 위벽을 구성하는 근육의 수축 작용으로 위의 점막에서 분비된 위산과 단백질 분해 효소로, 식도로부터 넘어 온 음식물을 받아 잘 섞어서 일차적인 소화작용을 한 후 소장 쪽으로 내려보낸다.

위장을 옛 사람들은 "밥통"이라고도 불렀는데, 이는 아마도 위장에서 음식물을 받아들여 저장하기 때문일 것이라 생각한다. 그러나, 위장의 용량보다 지나치게 많은 음식을 섭취하였을 경우, 문제가 생기는 것은 당연하다. 또한, 위에 머무르는 시간이 오래 걸리는 음식 섭취와 너무 자주 먹는 간식의 섭취는 위장을 몹시 고단하게 만드는 일이기 때문에 특별히 주의해야 한다.

그런데, 위장으로 들어온 음식물이 일차적으로 모두 소화가 되는 것은 아니다. 위점막에서 분비되는 위액이 기분에 따라 크게 영향을 받기 때문에, 기분이 좋지 않을 때 식사를 하게 되면 위액이 충분히 분비되지 않아 소화불량 증세가 나타나게 된다. 그렇기 때문에, '생각'이 비장과 위장의 기능과 밀접하다고 보는 이유이다. 그러나, 일단은 잘 먹어야 한다. 위장에서는 음식물을 잘 받아들여, 소화를 잘 시켜야 한다. 즉, "포용의 미덕"을 잘 발휘해야만 강한 생명력을 유지할 수 있다.

우리가 통이 크고 넉넉한 사람을 일컬어 "배포가 크다", "배포가 두둑하다"라고 한다. "배포"란 마음속에 품고 있는 '생각'을 의미한다. 즉 잘 먹고, 잘 소화하고, 잘 배설하는 사람이 포용력이 큰, 배포가 큰 사람인 것이다.

통 큰 사람 (배포가 큰 사람)

Q3.
비장/위장을 위한 움직임 탐구

국선도의 기신법(氣身法) 중에서, 왼쪽으로 진행하는 토법(土法)이 비장(脾臟)의
기운을, 오른쪽으로 진행하는 토법(土法)이 위장(胃臟)의 기운을 활성화시키기 위해
고안된 움직임이다. '육자결(六字訣)' 중에서는, "후~~"라고 소리를 내며 숨을
내쉬면서, 비장으로 묵은 기운을 내보내라고 제안한다.

중국 문헌에는 "呼"라고 적혀 있지만, 퇴계 이황 선생님의 「활인심방」에서는
"후~~"라고 소리내기를 하라고 기재되어 있다. 국선도의 토(土) 법 수행 시, 숨을
내쉴 때에, '육자결'의 "후~~" 소리내기를 병행하여 수행한다면 '토'에 해당하는
'비장'과 '위장'의 기능을 활성화시킬 수 있으리라 기대한다.

〈비장(脾臟)을 위한 상생의 춤: 토법(왼쪽 방향) + 육자결(후~~)〉

비장의 기(氣)와 혈(血)이 운행하는 경로는 다음과 같다.

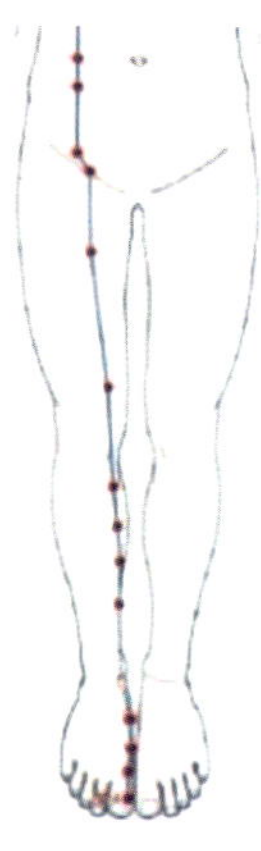

비장 경선(Spleen Meridian)

비장 경선은 근막의 심부 전방선, 하단 부위와 거의 일치하는 경로를 보여준다.

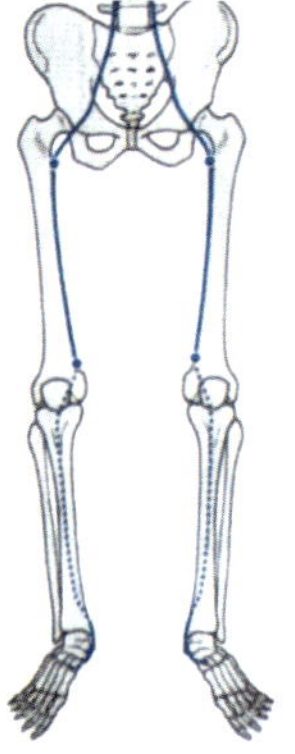

심부 전방선, 하단 부위(Deep Front Line)

앞 그림의 비장 경선과 심부 전방선, 하단 부위의 근막 흐름을 생각하며 육자결의 '후~~' 소리와 함께 숨을 길게 내쉬면서, 국선도 토법의 왼쪽 방향을 수행한다.

1	2	3
준비 자세: 숨을 깊게 들이 마신 상태에서, 약 1/3 정도 숨을 토해내고, 잠시 멈춘 후, 단전에 기(氣)를 모으며 준비 자세를 취한다. (왼손이 앞으로)	'후~~'라고 소리를 내며 숨을 내쉬면서, 교차된 양손을 서로 밀고 당기듯 둥글게 내리면서 오른쪽 옆구리를 거쳐 왼쪽 옆구리로 내린다.	숨을 들이 마시면서 양손을 그대로 크게 원을 그리며 머리의 오른쪽으로 들고. 상체도 같이 오른쪽으로 돌리며 그림 2~3 연결 동작을 마치 높은 음자리표를 그리듯 한다.

4

'후~~'라고 소리를 내며
숨을 내쉬면서, 오른손은
목 뒤를 잡으며 왼발을 왼쪽으로
더 옮기고, 몸을 숙이며 왼팔을
아래로 내린다.

5

숨을 들이 마시면서
왼팔을 위로 치켜 올리며
시선은 손끝을 바라본다.
약 3초 동안 호흡을 참는다.

6

'후~~'라고 소리를 내며
숨을 내쉬면서,
양손 천천히 내려 교차하고,
왼발을 오른발로 모아준다.

7

숨을 들이 마시면서
상체를 일으키고 동시에 두 팔이
수평이 되도록 양옆으로 올린다.

8

'후~~'라고 소리를 내며 숨을
내쉬면서, 양손을 내려 하단전에서
교차하면서 숨 고르기를 해주며 다음
동작의 준비 자세를 취한다.
(오른손이 앞으로)

〈위장(胃臟)을 위한 상생의 춤: 토법(오른쪽 방향) + 육자결(후~~)〉

위장의 기(氣)와 혈(血)이 운행하는 경로는 다음과 같다.

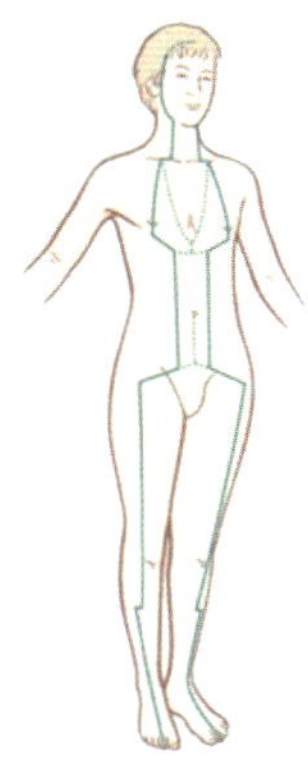

위장 경선
(Stomach Meridian)

위장 경선은 근막의 표면 전방선과 나선선, 전면 하단 부위와 거의 일치하는
경로를 보여준다.

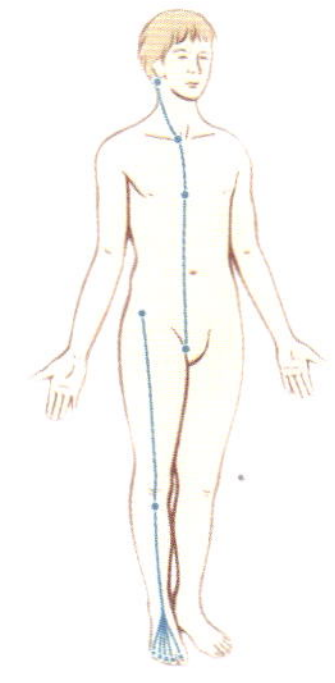

표면 전방선
(Superficial Front Line)

나선선, 전면 하단 부위
(Spiral Line)

앞 그림의 위장 경선과 표면 전방선, 그리고 나선선의 전면 하단 부위의 흐름을
생각하며 국선도 토법의 오른쪽 방향의 움직임을 수행하면서, 숨을 들이 마실
때에는 자연스럽게, 내쉴 때에는 "후~~"라고 소리를 내며 위장으로 탁한 기운을
쭉~ 밀어내듯이 숨을 내보낸다.

1

준비 자세:
숨을 깊게 들이 마신
상태에서, 약 1/3 정도 숨을
토해내고, 잠시 멈춘 후,
단전에 기(氣)를 모으며
준비 자세를 취한다.
(오른손이 앞으로)

2

'후~~'라고 소리를 내며
숨을 내쉬면서, 교차된
양손을 서로 밀고 당기듯
둥글게 내리면서
왼쪽 옆구리를 거쳐
오른쪽 옆구리로 내린다.

3

숨을 들이 마시면서
양손을 그대로 크게
원을 그리며 머리의 왼쪽으로
들고 상체도 같이 왼쪽으로
돌리며 그림 2~3 연결
동작을 마치 높은 음자리표를
그리듯 한다.

4	5	6

‘후~~’라고 소리를 내며 숨을
내쉬면서, 왼손은 목뒤를 잡으며
오른발을 오른쪽으로 더 옮기고,
몸을 숙이며 오른팔을 아래로
내린다.

숨을 들이 마시면서
오른팔을 위로 치켜 올리며
시선은 손끝을 바라본다.
약 3초 동안 호흡을 참는다.

‘후~~’라고 소리를 내며
숨을 내쉬면서,
양손 천천히 내려 교차하고,
오른발을 왼발로 모아준다.

7

숨을 들이 마시면서
상체를 일으키고 동시에 두 팔이
수평이 되도록 양옆으로 올린다.

8

'후~~'라고 소리를 내며 숨을
내쉬면서, 양손을 내려 하단전에서
교차하면서 숨 고르기를 해주며 다음
동작의 준비 자세를 취한다.
(왼손이 앞으로)

화타(華佗)가 창안한 「오금희(五禽戱)」에서는 '원숭이'를 토(土)에 배속시켰다.
'원숭이'는 민첩한 움직임으로 긴 팔을 사방으로 뻗으며, 중앙에서 동서남북으로
이리 뛰고 저리 뛰어다니며 각 방향과의 사이를 메우고 연결해준다. 이와 같은
원숭이의 확장된 움직임 특질이 중심의 위치에서 각 방향으로 영향력을 전달하는
토(土)의 성질과 맞닿아 있다고 생각된다.

중국의, 마왕퇴 묘에서 발굴된 "도인도(導引圖)"에 그려진 44가지 움직임 동작
중에서 원숭이의 움직임 특성을 보여주는 그림 몇 점들을 찾아보았다.

마왕퇴 「도인도」	「오금희」 중, 원숭이의 움직임
	원숭이가 과일을 따다.

원숭이가 과일을 바치다.

원숭이가 태양을 가리키다.

원숭이가 오른팔을 쭉 뻗다.

원숭이가 왼팔을 쭉 뻗다.

원숭이가 삼초를 조절하다.

원숭이가 팔을 정면을 향하여 들어 올리다.

원숭이가 왼쪽 팔을 거꾸로 뻗다.

원숭이가 오른쪽 팔을 거꾸로 뻗다.

(참고 자료: 지부, 2010; 장경영 외, 2011; 곽정헌, 2018)

원숭이는 두뇌 회전이 빠르고 재주가 많다. 영민한 원숭이의 재빠르고 민첩한 움직임을 확장시켜 창의적으로 수행한다면 토(土)에 배속된 "비장"과 "위장"의 기능 활성화에 도움이 될 것이라 생각한다.

앞서 제시한 원숭이의 동작을 수행할 때에, 숨을 들이마실 때에는 4박자 동안 코로 들이마시고, 코로 들어온 공기(산소)가 온몸을 7박자 동안 퍼지게 하고, 숨을 내쉴 때에는 8박자 동안 후~~ 소리를 내며, 비장과 위장으로 묵은 기운을 내보낸다는 생각으로, 들이마신 시간보다 두 배로 더 길게 내뱉는다. 반복적으로 동작을 수행하게 되면, 어느덧 뱃속이 편안해지고 소화가 잘 되는 듯한 기분이 들게 된다.

금

(金: Metal)

Q1. 금(金)에 배속된 장부(臟腑)와 이에 관련된 속성들은 무엇입니까?
Q2. 폐장/대장이 주관하는 기능은 무엇입니까?
Q3. 폐장/대장을 위한 움직임 탐구

Q1.
금(金)에 배속된 장부(臟腑)와 이에 관련된 속성들은 무엇입니까?

오행(五行) 중에 금(金)에 배속되어 있는 장부는 폐장(肺臟)과 대장(大腸)이다. 폐장(肺臟: Lung)은 갈비뼈(늑골)와 횡격막으로 둘러싸여 가슴 속의 왼쪽과 오른쪽에 위치하며, 왼쪽은 두 부분으로, 오른쪽으로 세 부분으로 구분되어 있다. 대장(大腸: Large Intestine)은 소장의 끝부분에서 시작하여 복부의 오른쪽 위로 올라가 상복부를 가로지르고 왼쪽 복부를 따라 아래로 내려가 항문으로 연결되어 있다.

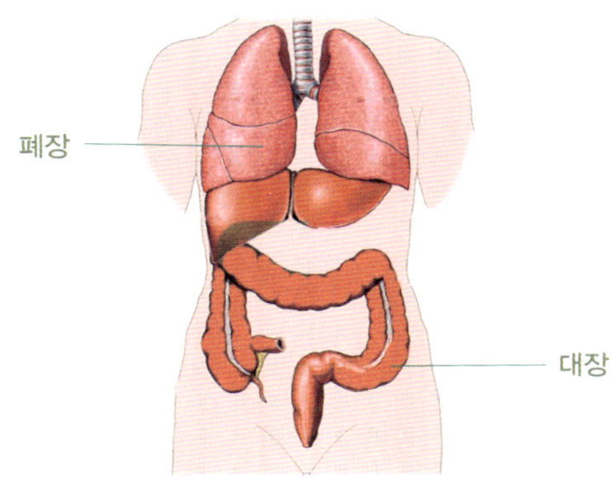

폐장과 대장

금(金)의 기상(氣象)은 가을에, 여름의 더운 열기로 성장한 열매를 수렴하여
거두어들이는 수확의 계절로, 어찌 생각하면 결실과 마무리를 한다는 의미로
연결된다. 무성했던 나뭇잎들이 마르고 낙엽되어 쓸쓸하게 떨어지는, 서쪽으로
해가 저물어 가는 석양을 연상하게 되면 약간은 근심도 되면서 서글퍼지기도 한다.
그렇기 때문에 근심과 슬픔을 폐와 연관시켜 생각하지 않았나(?) 사료된다.

요즘, 젊은 사람들에게는 다소「전설의 고향」에나 나올 법한 이야기로
들리겠지만, 옛날에는 "상사병(相思病)"으로 동네 청년이 죽어 나가는 경우가
있었다. "상사병"이란 마음에 둔 사람을 몹시 그리워하거나, 혹은 사랑하는
사람과의 이별 후에 나타나는 마음의 병이다. 예를 들어, 짝사랑을 심하게 하거나,
남편 혹은 아내와의 사별, 또는 자식을 잃거나,⋯ 등등

자식을 떠나보내는 엄마의 슬픔

여러 가지 원인들이 있겠지만, 극복하기 어려운 슬픔을 당했을 때 생기는
병으로, 심리적으로는 우울증 증상과, 신체적으로도 흉부에 통증이 생기는 등
심각한 문제가 발생한다. "폐장"에 병이 생긴 것이다. 지나치게 슬퍼하여 기(氣)가
흐트러지게 된 것이다.

우리가 슬픔을 묘사할 때에 "⋯ 넋을 놓고 울었다"라는 관용적 표현이 있듯이,
너무 슬퍼하게 되면, 넋을 잃게 되고, 심지어는 장(腸)이 끊어질 듯한 통증이

생기게 된다. 이를 "단장(斷腸)"의 슬픔이라고 한다. 우리의 오래된 가요 중에 "단장(斷腸)의 미아리 고개"라는 제목이 생각나는데, 한국전쟁 이후 미아리 고개를 넘지 못하고 죽은 딸아이를 그곳에 묻고 돌아서는 어미의 심정을 노래한 곡으로, 그 슬픔은 아마도 창자를 끊어낸 듯한 아픔이었을 것이라 생각된다.

[단장(斷腸)]의 미아리 고개 (출처: 서울사진아카이브)

이러한 슬픔이 지속되면 사람은 "넋"이 나가게 된다. "넋"은 인간의 정신이나 마음을 의미하는데, 한자어로는 "백(魄)"이다. '백(魄)'이란 귀신이란 뜻의 '귀(鬼)' 자와 소리를 나타내는 '백(白)' 자가 합쳐진 글자로, 사람이 죽어 땅에 머무는 '몸의 마음'으로 간주된다.

또한 '백(魄)'은 정신활동의 무분별한 충동을 적당 수준으로 억제하여 의식을 무의식으로 끌어내리는 정신작용을 한다(김재효, 2015, p. 145). 이러한 정신 활동이 인체의 폐장(肺藏: Lung)과 관련이 있다고 보는데, 이는 기운이 흩어지지 않도록 보호와 방어를 하는 덮개 역할과 숙강(肅降) 작용 즉, '정돈하고 가지런히 하여 아래로 내려보내는' 폐장의 기능과 맞닿아 있다고 사료된다.

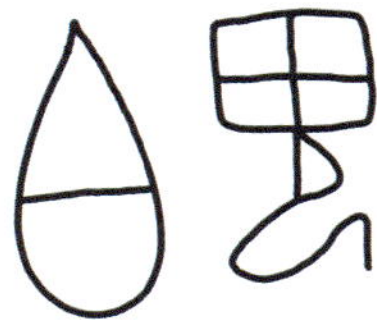

백(魄)

이와 같이 '금(金)'에 배속되어 있는 '백(魄)'의 정신 활동은 다섯 가지
덕목(오덕: 五德) 중의 "의(義)"에 맞도록 행해져야 한다. '**의(義)**'란 "옳다, 의롭다,
바르다" 등의 의미를 지닌 한자어로, '나' 자신을 뜻하는 '아(我)' 자와 '양(sheep)'을
뜻하는 '양(羊)' 자가 합쳐진 글자이다. 그 의미에 따른 견해는 두 가지인데, 하나는
양(羊)처럼 착하고 의리있게 마음을 쓰라는 뜻과 또 하나는, 종족 내부의 결속을
다지기 위해 창 위에 양 머리를 꽂아 권위를 상징하는 뜻이었으나 그 후에 '옳다',
'의롭다' 등의 의미를 갖게 되었다고 한다.

'의(義)'는 사람으로 지켜야 할 떳떳하고 정당(正當)한 도리로서, 오행 중의
'금(金)'에 배속시켰는데, 이는 아마도 '의로움'이란 강인하고 냉정한 성품에서
나오는 것으로 '금(金)'의 굳센 특성과 닮아있기 때문이지 않나(?) 사료된다.

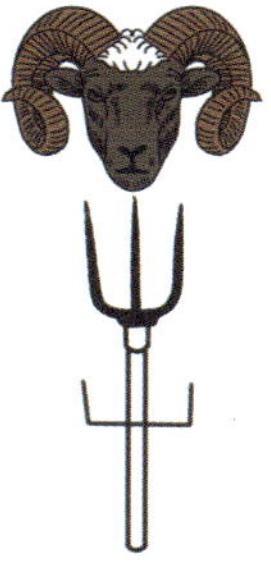

의(義)

　　우리가 흔히, '의로운 사람'을 일컬어 "패기(覇氣)"가 있는 사람이라고 하는데,
"패기"란 어떤 어려운 일이 있더라도 해내려는 굳센 기상이나 정신을 의미하는데,
물론 폐(肺)의 기운이라는 의미는 아니지만, 폐의 기운으로 금(金)의 덕목인
"의(義)"를 실천하기 때문에, 폐가 패기를 이끈다고도 할 수 있겠다.

의(義)로운 사람 = 패기(覇氣) 있는 사람

Q2.
폐장/대장이 주관하는 기능은 무엇입니까?

    폐장(肺臟)은 간략하게 '폐'라고 한다. 폐(肺: Lung)는 '허파'라고도 불리며, 우리 몸에서 호흡을 담당하는 필수 기관으로, 숨을 들이마시고 내쉬면서 공기 속의 산소를 얻고, 또 몸속의 이산화탄소를 배출시킨다. 우리는 '폐'의 운동으로 1분에 18~22번 정도 호흡을 한다. 아무리 건강한 사람이라 할지라도, 숨을 쉬지 않고서는 약 7분(?) 이상 버티기 어려울 것이다.

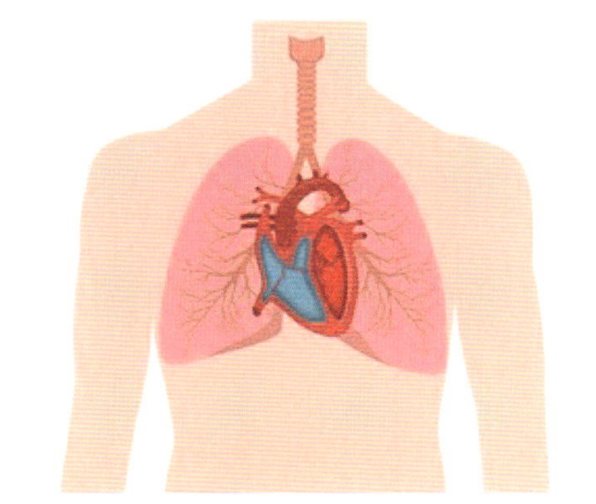

심장을 에워싸고 있는 폐 (앞에서 본 그림)

동양의학에서, 폐의 기능을 살펴보면, 인체의 오장육부 중에서 가장 많은 기능이 나열되어 있다. 우선, 폐를 '상부지관(相傅之官)'이라고 한다. '상부(相傅)'란 서로 돕는다는 뜻으로, 폐가 인체의 군주인 심장의 기운이 지나치게 흩어지지 않도록 보호하는 행정부 역할을 하며, 이곳에서 심장을 도와 우리 몸을 관리하고 조절한다.

이렇게 폐의 도움을 받아 심장은 비로소 안정을 찾게 된다. 즉, 늑골(갈비뼈)과 횡격막 안에서 폐와 심장은 서로 상부상조하고 있다. 그런데, 우리 몸의 장기(臟器) 중에서 제일 높은 곳에 위치하여 행정부의 국방부 역할, 즉 덮개 역할을 하는 폐의 기능이 약해지면 외부로부터 나쁜 기운이 침범하는 것을 방어하기 어려워진다. 다시 말해, 면역계가 위태롭게 된다.

나라를 지키는 국방부

또한, 앞서 언급했듯이, 폐는 우리의 호흡을 주관하고 있다. 인체는 "심기혈정(心氣血精)"의 원리에 따라 움직인다. 즉, 마음(心)이 생겨야 기(氣)가 움직이고, 기(氣)의 움직임으로 혈액(血)이 순환되고, 정액(精液)이 활동을 하게 된다. 그런데, 기(氣)는 반드시 호흡에 의해서 흐름이 유지된다. 우리는 주변에서 "기가 막혀서 죽겠어!"라는 말을 듣게 된다. 맞는 말이다. 기(氣)가 막힌다는 표현은 호흡하기 어렵다는 이야기이다. 그렇기 때문에, "죽겠다!"라는 표현을 하게 되는 것이다. 우리가 "심호흡" 혹은 "단전호흡"을 해야 하는 이유이다.

폐의 기운이 약하게 되면 호흡이 약해진다. 그런데 문제는 폐에 사기(邪氣), 즉 옳지 못하고 사악한 기운이 들어가면 숨이 차고, 기(氣)가 치밀어 오른다. 이를 "부아가 치밀어 오른다"라고 표현한다. "부아"는 "폐(허파)"를 뜻하는 "부화"에서 "부하"로, 그리고는 "부아"로 변천된 순우리말이다(임지룡, p. 201). 우리 몸의 '덮개' 역할을 하는 폐의 기운이 치밀어 오르면 어떻게 되겠는가?

요즈음, 젊은 사람들 표현 중에, "… 열 받아서 뚜껑이 열렸다."라고 감정을 나타내는 경우가 있는데, 이 역시 "폐"의 기능이 약해진 때문이라 사료된다. 그러므로, 호흡을 안정시킴으로써 인체 내부의 기(氣) 흐름을 순조롭게 해야 하는 것이다.

폐 기능이 약해짐. = 뚜껑이 열림.

폐가 금(金)의 속성 중에서, 음(陰: Yin)의 기운이라면, 대장은 양(陽: Yang)의 기운으로, 금(金)의 속성을 공유하고 있다. 대장(大腸: Large Intestine)은 우리 몸의 장기(臟器)들 중에서 가장 마지막 관문으로, 약 1.5m 길이의 튜브(tube) 모양으로 되어 있다. 대장에서는 소장에서 소화되고 보내진 음식물 찌꺼기로부터 수분을 흡수하고, 금(金)의 기운으로 이를 대변으로 굳히고 항문으로 배출시킨다. 그렇기 때문에 대장에 문제가 생기면 대변의 색깔과 농도에도 문제가 생기는 것은 당연하다.

또한 대장은 찬 기운을 싫어하기 때문에, 차가운 음식을, 특히 여름철에, 자주 섭취하게 되면, 대장에서 수분을 흡수하지 못하게 되어 그대로 설사를 하게 된다.

아이스 아메리카노(일명, 아,아)를 좋아하는 우리 학생들

여름철에 배탈, 설사, 즉, '여름철 장염'이 자주 일어나는 이유이다. 아무리 설명을 하여도 '아,아'를 즐겨 마시는 우리 학생들이 매우 염려스럽다!

이는, 생리적인 현상이지만, 우리의 일상생활에서 "똥끝이 탄다"라는 감정 표현이 있다. 어떤 것에 대하여 지나치게 걱정을 하거나 긴장을 하였을 때, 신체의 반응으로 나타나는 감정 상태이다. 그렇기 때문에 우(憂)/비(悲), 즉 '걱정'하고 '슬픔'이 금(金)에 배속되어 있는 감정이고, "폐"와 "대장"이 금(金)의 속성을 공유하고 있다고 보는 것이 아닌가 사료된다.

근심, 걱정으로 똥끝이 타 들어간다.

Q3.
폐장/대장을 위한 움직임 탐구

　국선도의 기신법(氣身法) 중에서, 왼쪽으로 진행하는 금법(金法)이 폐장(肺臟)의 기운을, 오른쪽으로 진행하는 금법(金法)이 대장(大腸)의 기운을 활성화시키기 위해 고안된 움직임이다. '육자결(六字訣)' 중에서는, "스~~" 소리를 내며 숨을 내쉬면서, 폐장을 통해 묵은 기운을 내보내라고 제안한다. 중국 문헌에는 "呬"라고 적혀 있지만, 퇴계 이황 선생님의 「활인심방」에서는 "스~~" 소리내기를 하라고 기재되어 있다.

　국선도의 금(金)법 수행 시, 숨을 내쉴 때에, '육자결'의 "스~~" 소리내기를 병행하여 수행한다면 '금'에 해당하는 '폐장'과 '대장'의 기능을 활성화시킬 수 있으리라 기대한다.

〈폐장(肺臟)을 위한 상생의 춤: 금법(왼쪽 방향) + 육자결(스~~)〉

폐의 기(氣)와 혈(血)이 운행하는 경로는 다음과 같다.

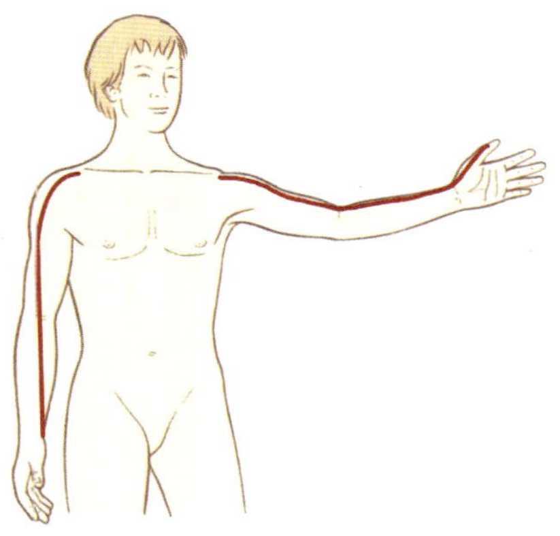

폐장 경선 (Lung Meridian)

폐장의 경선은 근막의 심부 전방 상지선과 거의 일치하는 경로를 보여준다.

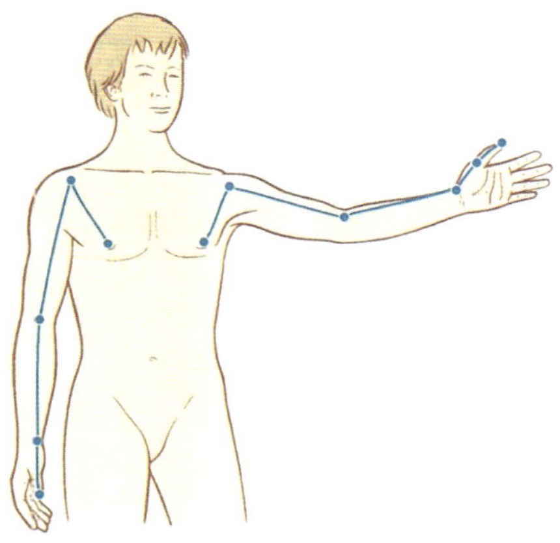

심부 전방 상지선 (Deep Front Arm Line)

앞 그림의 폐장 경선과 심부 전방 상지선 근막의 흐름을 생각하며 숨을 내쉴 때에 '육자결'의 '스~~' 소리를 내면서 국선도 금법의 왼쪽을 수행한다.

1	2	3
준비 자세: 숨을 깊게 들이 마신 상태에서, 약 1/3 정도 숨을 토해내고, 잠시 멈춘 후, 단전에 기(氣)를 모으며 준비 자세를 취한다. (왼손이 앞으로)	'스~~'라고 소리를 내며 숨을 내쉬면서, 양손을 그대로 내리며 몸통을 오른쪽으로 돌린다.	숨을 들이 마시면서 양손을 학이 날갯짓하듯 좌우로 넓게 벌리며 올린다.

4

'스~~'라고 소리를 내며 숨을 내쉬면서, 왼발을 왼쪽으로 더 빼고,
몸을 왼쪽으로 돌리면서 양손을 쭉 뻗으면서 몸을 숙인다.
이때 왼쪽 무릎은 직각으로 굽혀진다.

6

숨을 들이 마시며, 오른쪽으로 앉는 듯 뒤로
당기며, 상체를 왼다리 쪽으로 가능한 많이
숙이며 양손은 왼발 끝에서 큰 나무둥치를
끌어안듯 모아준다. 이때, 굽혔던 왼쪽 무릎은
펴지고, 오른쪽 무릎이 굽혀진다.
약 3초 동안 호흡을 참는다.

7

'스~~'라고 소리를 내며 숨을 내쉬면서,
양손 단전 앞으로 모아 교차하고,
왼발을 오른발로 모아준다.

8

숨을 들이 마시면서 양손
수평이 되도록 올린다.

9

'스~~'라고 소리를
내며 숨을 내쉬면서,
양손을 내려
하단전에서
교차하면서
숨 고르기를 해준다.

10

다음 동작의
준비 자세를 취한다.
(오른손이 앞으로)

<대장(大腸)을 위한 상생의 춤: 금법(오른쪽 방향) + 육자결(스~~)>

대장의 기(氣)와 혈(血)이 운행하는 경로는 다음과 같다.

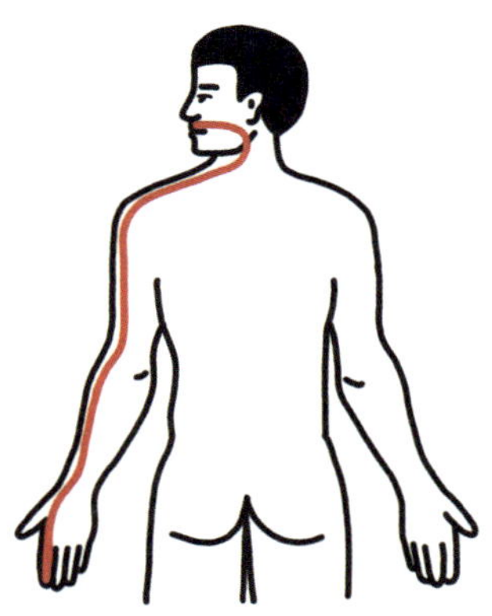

대장 경선 (Large Intestine Meridian)

대장의 경선은 근막의 표면 후방 상지선과 거의 일치하는 경로를 보여준다.

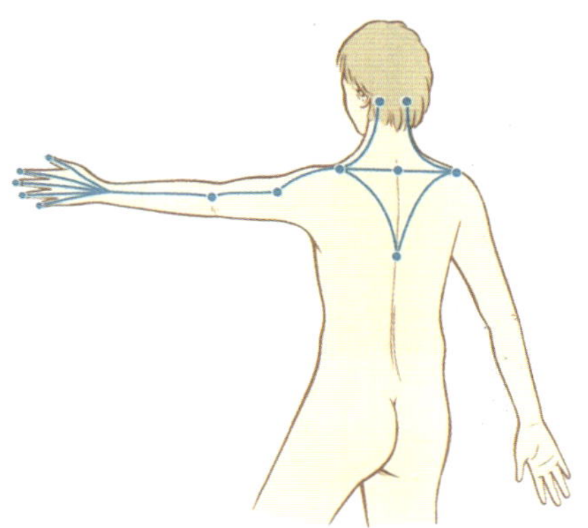

표면 후방 상지선(Superficial Back Arm Line)

앞 그림의 대장 경선과 표면 후방 상지선 근막의 흐름을 생각하며 국선도 금법의 오른쪽 방향의 움직임을 수행하면서, 숨을 들이마실 때에는 자연스럽게 들이마시고, 내쉴 때에는 "스~~"라고 소리를 내며 대장의 묵은 기운을 쭉~ 밀어내듯이 숨을 내보낸다.

1	2	3
준비 자세: 숨을 깊게 들이 마신 상태에서, 약 1/3 정도 숨을 토해내고, 잠시 멈춘 후, 단전에 기(氣)를 모으며 준비 자세를 취한다. (오른손이 앞으로)	'스~~'라고 소리를 내며 숨을 내쉬면서, 양손을 그대로 내리며 몸통을 왼쪽으로 돌린다.	숨을 들이 마시면서 양손을 학이 날갯짓하듯 좌우로 넓게 벌리며 올린다.

4

5

'스~~'라고 소리를 내며
숨을 내쉬면서, 오른발을 오른쪽으로 더 빼고,
몸을 오른쪽으로 돌리면서 양손을 쭉 뻗으면서 몸을 숙인다.
이때 오른쪽 무릎은 직각으로 굽혀진다.

6

7

숨을 들이 마시며, 왼쪽으로 앉는 듯
뒤로 당기며, 상체를 오른다리 쪽으로
가능한 많이 숙이며 양손은 오른발 끝에서
큰 나무둥치를 끌어안듯 모아준다.
이때, 굽혔던 오른쪽 무릎은 펴지고,
왼쪽 무릎이 굽혀진다.
약 3초 동안 호흡을 참는다.

'스~~'라고 소리를 내며 숨을 내쉬면서,
양손 단전 앞으로 모아 교차하고,
오른발을 왼발로 모아준다.

8	**9**	**10**
숨을 들이 마시면서 양손 수평이 되도록 올린다..	'스~~'라고 소리를 내며 숨을 내쉬면서, 양손을 내려 하단전에서 교차하면서 숨 고르기를 해준다.	다음 동작의 준비 자세를 취한다. (왼손이 앞으로)

화타(華佗)가 창안한 「오금희(五禽戲)」에서는 '호랑이'를 금(金)에 배속시켰다. '호랑이'는 용맹하며, 사납고 무서운 눈빛으로 그 위엄을 떨친다. 호랑이의 용맹함이 우리 몸의 가장 높은 곳에서 국경을 굳건하게 지키는 금(金)의 속성과 닮아 있다고 생각된다.

　1973년 중국의 호남성 장사시, "마왕퇴" 무덤에서 출토된 채색 벽화에서 보여진 44가지의 자세 중에서 호랑이의 움직임 특성을 내포하고 있는 그림 몇 점을 찾아보았다.

마왕퇴「도인도」	「오금희」 중, 호랑이의 움직임
	 호랑이가 어깨와 등의 긴장을 부드럽게 풀다.

호랑이가 오른쪽으로 엎드리다.

호랑이가 내리치다.

호랑이가 산을 내려오다.

호랑이가 발톱으로 잡아 아래로 끌어내리다.

(참고 자료: 지부, 2010; 장경영 외, 2011; 곽정헌, 2018)

호랑이의 움직임을 살펴보면, 거칠고 사나운 움직임보다는 오히려 부드럽고, 느슨한 움직임 특성을 보여주고 있다. 이와 같은 호랑이의 움직임을 창의적으로 수행한다면 금(金)에 배속된 "폐장"과 "대장"의 기능 활성화에 도움이 될 것이라 생각한다.

앞서 제시한 호랑이의 동작을 수행할 때에, 숨을 들이마실 때에는 4박자 동안 코로 들이마시고, 코로 들어온 공기(산소)가 온몸을 7박자 동안 퍼지게 하고, 숨을 내쉴 때에는 8박자 동안 스~~ 소리를 내며, 폐와 대장으로 묵은 기운을 내보낸다는 생각으로, 들이마신 시간보다 두 배로 더 길게 내뱉는다. 반복적으로 동작을 수행하게 되면, 근심이 되고 우울한 마음이 서서히 사라지는 듯한 기분을 체험하게 될 것이다.

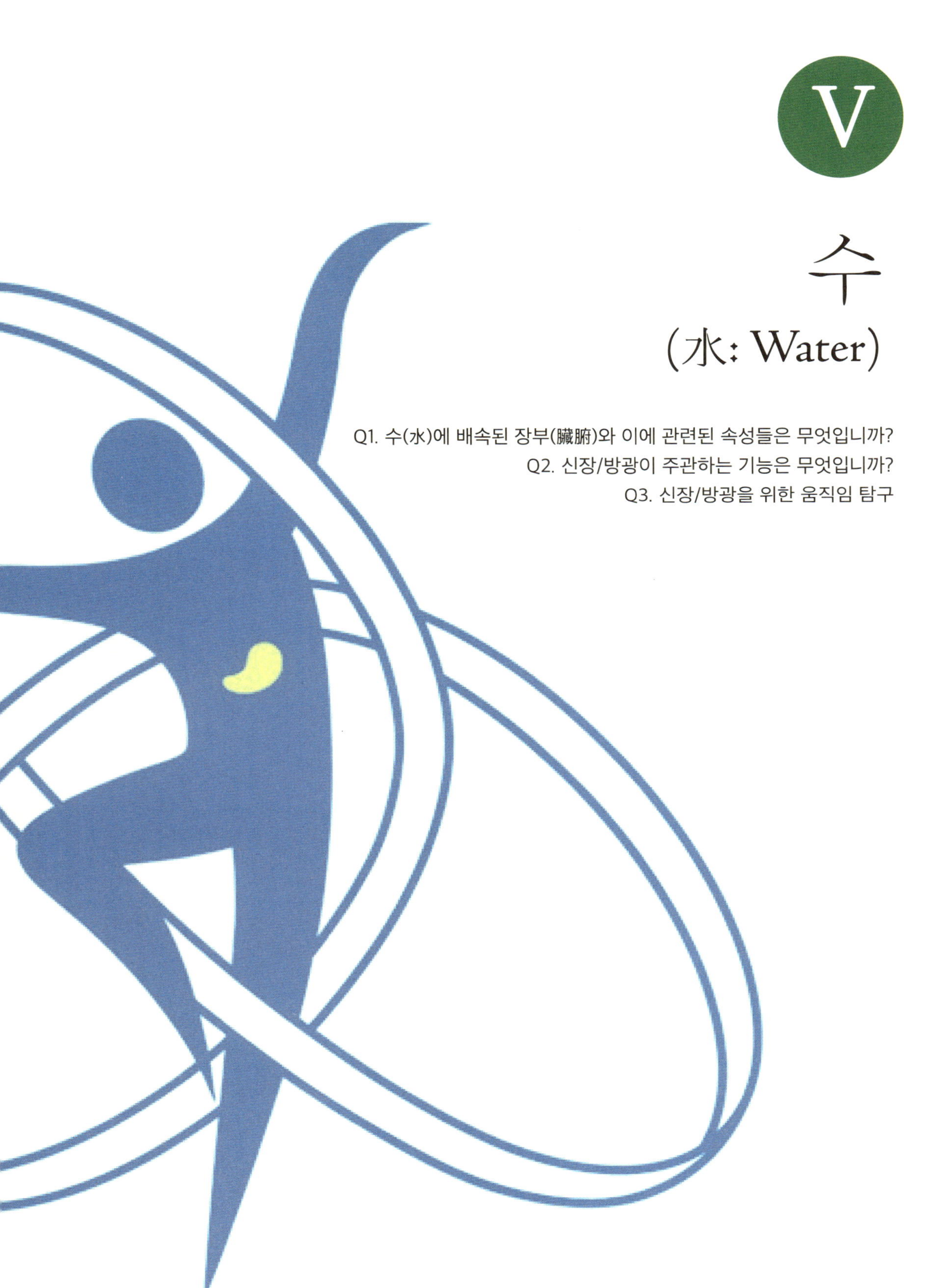

수
(水: Water)

Q1. 수(水)에 배속된 장부(臟腑)와 이에 관련된 속성들은 무엇입니까?
Q2. 신장/방광이 주관하는 기능은 무엇입니까?
Q3. 신장/방광을 위한 움직임 탐구

Q1.
수(水)에 배속된 장부(臟腑)와 이에 관련된 속성들은 무엇입니까?

　　오행(五行) 중에, 수(水)에 배속되어 있는 장부는 신장(腎臟)과 방광(膀胱)이다.
신장(腎臟: Kidney)은 '콩팥'이라고도 불리며, 아랫배의 등쪽 양옆에 위치하는데,
오른쪽 신장은 간장(肝臟)의 위치 때문에, 왼쪽 신장에 비해 약간 아래쪽에
위치한다. 방광(膀胱: Bladder)은 골반 안쪽, 치골결합(혹은, 두덩결합) 부위의 뒤쪽에
위치하여, 소변의 저장과 배출을 담당한다.

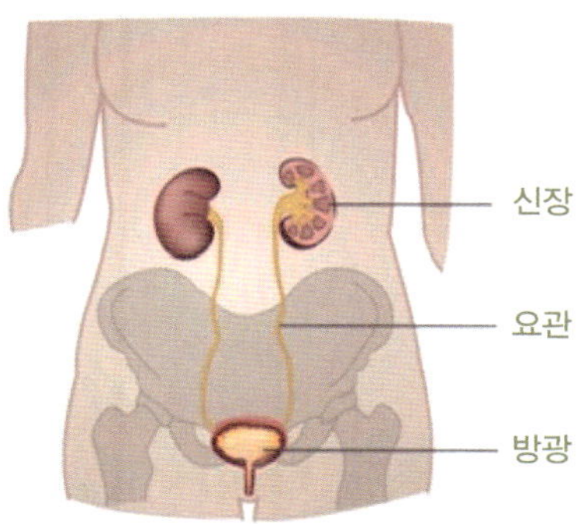

신장과 방광 (앞에서 본 그림)

수(水)의 기상(氣象)은 추운 겨울밤, 차가운 얼음 밑으로 흐르는 물의 이미지로, 부모로부터 물려받은 태생적 근본인 정기(精氣)가 신장(腎臟)에 담겨있다고 본다. 이러한 선천의 근본인 정(精)은 물의 형태로 존재하며, 생명을 유지하기 위해 항상 긴장된 상태에서 다른 장기와 서로 의지하고, 때로는 견제하며 생명의 에너지를 공급한다.

이러한 긴장감은 '공포감'으로까지 확대될 수 있다. 이렇기 때문에 긴장과 공포의 감정을 신장(腎臟)과 연결시켜 생각하지 않았나(?) 사료된다. 이러한 연결성은 우리의 언어적 표현에서도 잘 나타나는데, "… 너무 두려운 나머지 바지에 오줌을 쌌다." 혹은 "… 너무 긴장되어 오줌이 마렵다.", "…무서워서 오줌을 지렸다." 등에서 그 사례를 찾아볼 수 있다. 기(氣)가 위축되어 아래로 내려간 것이다.

무서워 벌벌 떠는 소녀

너무 긴장되어 화장실로…

이렇게 인간의 감정 중에서 '긴장'과 '공포'가 신장에 감추어져 있다고 보고 있으며, 이는 '지(志)'라고 하는 정신작용을 하는데, **지(志)**'란 "뜻, 마음, 본심(本心), 사사로운 생각, 감정(感情)"이란 의미 이외에 "뜻하다, 뜻을 두다, 알다, 기억(記憶)하다" 등의 의미를 지닌 한자어로, 선비란 뜻의 '사(士)'와 마음이란 뜻의

‘심(心)’이 합쳐진 글자이다. 그러나 고대의 문자에서는 ‘간다’의 뜻을 지닌 ‘지(之)’와 ‘심(心)’이 결합된 것으로 “가고자(之) 하는 마음(心)” 즉, 자기 뜻을 실천한다는 ‘의지’를 뜻하는 글자였으나, 이후에 ‘지(之)’ 자가 ‘사(土)’로 잘못 옮겨졌다고 한다 (https://hanja.dict.naver.com).

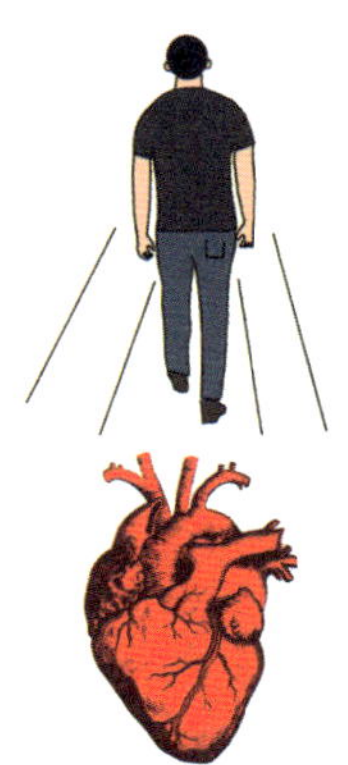

지(志)

이러한 ‘지(志)’는 의식을 정화하여 정화된 의식을 다시 무의식으로 전환하여 몸에 기억시키는 정신 활동으로 해석되며(김재효, 2015), 인체의 신장(腎臟: Kidney) 과 관련이 있다고 본다. 신장(腎臟: Kidney)은 앞서 언급했듯이, 부모로부터 물려받은 선천적 정기(精氣)가 담겨있는 기관으로, 생명의 에너지를 닫아두고 저장하려는 납기(納氣)의 특성이 있으며, 이러한 특성으로 태생적 원동력을 우리의 몸에 기억시킨다(안도균, 2015, p. 210). 그렇기 때문에, ‘지(志)’를 신장에 배속시키지 않았나 생각된다.

이러한 정신작용은 ‘지(智)’라는 덕목에 맞게 행해져야 하는데, **지(智)**란 “슬기, 지혜, 재능” 등의 의미를 지닌 한자어로, 세상을 두루 밝게 안다는 뜻의 ‘해(Sun)’를 나타내는 ‘일(日)’ 자와 안다는 뜻의 ‘지(知)’ 자가 합쳐진 글자이다. 그러나 또 다른 견해로는, ‘일(日)’ 자가 아니라, 말씀을 뜻하는 ‘왈(曰)’ 자가 합쳐진 것으로

"화살(矢)이 순식간에 구멍(口)을 통과하듯이 말(日)을 잘한다"라는 뜻으로
만들어졌다고 한다(https://hanja.dict.naver.com). "말을 잘하려면 지식이나 지혜가
있어야 하며" 따라서 '지(智)' 자는 아는 것이 많아 즉, 지혜로워, 말함에 거침이
없이 흘러야 한다는 뜻으로도 해석된다.

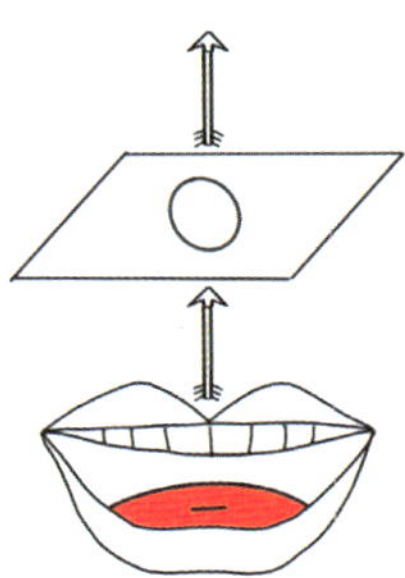

지(智)

따라서, '지혜로움'은 냉철하면서도 깊은 내면으로 스며들어 유연해야 한다.
이는 차갑게 얼어붙은 강물 아래로 흐르는 물의 이미지를 연상시키는데 그렇기
때문에, '지(智)'를 오행 중의 '수(水)'에 배속시키지 않았나? 라는 생각이 든다.

Q2.
신장/방광이 주관하는 기능은 무엇입니까?

인간이 엄마의 뱃속으로부터 나와 처음으로 겪게 되는 감정이 '놀람'과 '공포'라고 한다. 그도 그럴 것이, 약 9개월 동안 양수 속에 있었던 아기가 세상 밖으로 툭 떨어져 나왔을 때의 급작스러운 변화는 '놀람'과 '공포' 그 자체였을 것이라 생각한다. 그런데, 이러한 감정이 신장에 감추어져 있다고 한다. 동양의학에서는 신장에 정기(精氣)의 근원인 정(精)이 저장되어 있다고 보는데, 이러한 선천적인 정(精)의 힘으로 태생 후에 처음 겪게 되는 '놀람'과 '공포'를 극복하고 생(生)을 시작하는 것은 아닌가(?)라는 생각을 하게 된다.

그래서인가? 신장을 "작강지관(作强之官)"이라고 하는데, '작강(作强)'이란 '작용이 강하다'라는 의미로, 이러한 '신장'의 강한 작용으로 우리는 살아가고 있다고 해도 과언이 아닐 것이다. 왜냐하면, 신장에서 뼈와 골수를 주관하고 있기 때문이다.

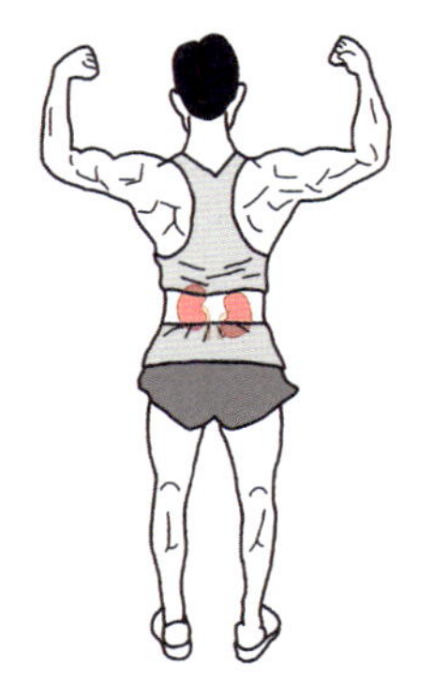

신장(腎臟)이 좋아야…   작강지관(作强之官)

뼈가 약하면, 근육도 약할 수밖에 없다. 우리의 일상생활에서, "뼛골이 시리다. (혹은, 뼛골이 쑤시다.)", "골병(骨病)이 들었다."라는 표현이 있듯이, 이는 우리 몸에서 "정(精)"이 고갈되어, 속으로 깊이 병이 들었다는 뜻이다.

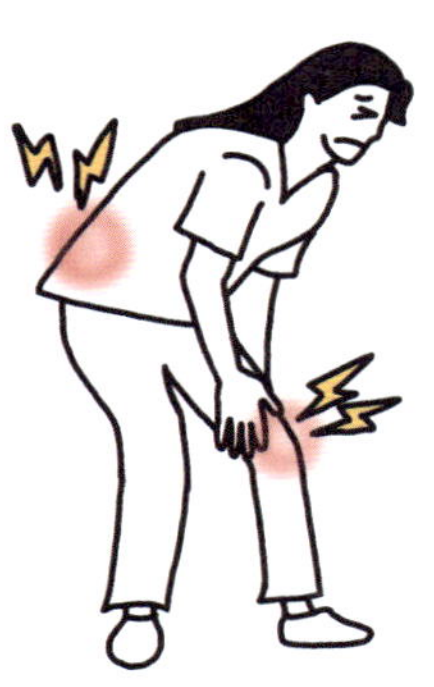

골병(骨病)이 들었다. (뼛골이 쑤시다.)

이와 같이 '작강지관'인 신장에서 힘을 저장하고, 그 힘으로 팔과 다리를 움직여 정교한 기술, 즉 기교(技巧)가 나온다. 뿐만 아니라, 두뇌 활동에도 영향을 미치기 때문에, 우리가 의식적으로 반복해서 하는 움직임을 무의식으로 전환시켜 몸에 기억시킨다. 기억을 더듬어 보면, 어렸을 때 배웠던 자전거 타기, 수영 등을 수십 년 동안 하지 않았음에도 불구하고 오랜 세월이 지난 후에도 할 수 있는 것은 신장의 기억력 덕분이라 할 수 있겠다. "아! 몸이 기억하고 있네!"라는 표현을 주변에서 자주 듣게 되는데, 이는 신장의 원초적 능력이며, 세 살 버릇이 여든까지 갈 수 있게끔 하는 능력 또한, 신장의 선천적인 기능에서 비롯된 것이라 사료된다.

이러한 신장에 문제가 생기면 소변을 보는 데 있어 심각한 문제가 발생한다. 신장에서는 하루에 무려 180리터 정도의 혈액을 걸러서, 영양분은 다시 혈액으로 보내고 나머지는 오줌으로 보내며 우리 몸의 '항상성'을 유지시킨다. 신장에서 보낸 오줌은 일단 '방광(膀胱)'에 잠시 저장된다. 이렇게 음(陰)의 기운인 신장에서 보낸 수분이 방광의 양(陽)의 기운에 의해 체외로 나가게 된다. 그러나 방광에 문제가 생겨 오줌이 방광에 고여 잘 나가지 않게 된다면 어떻게 되는가? 반대로, 방광에 고이지도 않고 그냥 나가버리면 또 어떻게 되는가? 우리가 당연하게 생각하는 일상생활에서의 모든 생리적 현상에 대해 감사해야 하는 이유이다.

〈방광병의 증상〉
방광의 기능이 떨어지면 기운이 없게 된다.

Q3.
신장/방광을 위한 움직임 탐구

국선도의 기신법(氣身法) 중에서, 왼쪽으로 진행하는 수법(水法)이 신장(腎臟)의 기운을, 오른쪽으로 진행하는 수법(水法)이 방광(膀胱)의 기운을 활성화시키도록 고안된 동작이다.

앞서 설명한 '육자결(六字訣)' 중에서는, "취~~"라고 소리내기를 하며, 신장으로 묵은 기운을 내보낸다는 생각으로, 숨을 입으로 토해내듯이 내쉬면 신장의 나쁜 기운이 [즉시] 사라지는 효과를 볼 수 있다고 한다(이황, p. 237). 중국 문헌에는 "吹"라고 쓰여 있으며, "취~~"라고 소리내기를 하도록 이황 선생님이 필사하신 「활인심방」에 기록되어 있다.

국선도의 수(水)법 수행 시, 숨을 내쉴 때에, "취~~"라고 소리내기를 병행한다면, 신장과 방광 기능의 활성화에 더욱 효과적일 것이라 사료된다.

〈신장(腎臟)을 위한 상생의 춤: 수법(왼쪽 방향) + 육자결(취~~)〉

신장의 기(氣)와 혈(血)이 운행하는 경로는 다음과 같다.

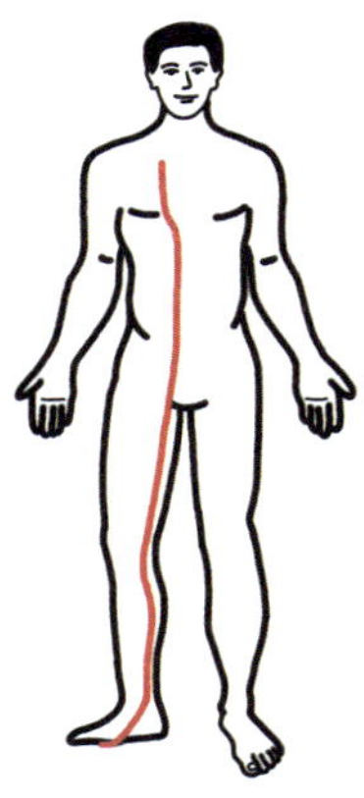

신장 경선 (Kidney Meridian)

신장 경선은 근막의 심부 전방선, 전면 하단 부위와 거의 일치하는 경로를
보여주고 있다.

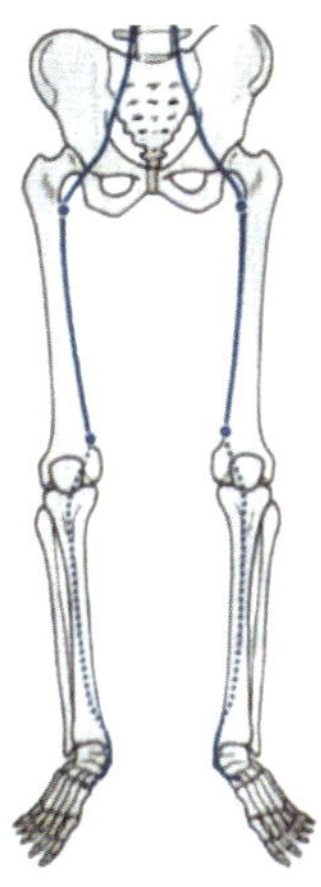

심부 전방선, 전면 하단 부위 (Deep Front Line)

앞 그림의 신장 경선과 심부 전방선의 흐름을 마음속으로 생각하며 수(水)법의
왼쪽 방향을 수행한다.

1

준비 자세:
숨을 깊게 들이 마신 상태에서,
약 1/3 정도 숨을 토해내고,
잠시 멈춘 후, 단전에 기(氣)를 모으며
준비 자세를 취한다.
(왼손이 앞으로)

2

'취~~'라고 소리를 내며
숨을 내쉬면서, 동시에
왼발을 오른발로 모으고,
교차한 양손은
단전 부위로 내린다.

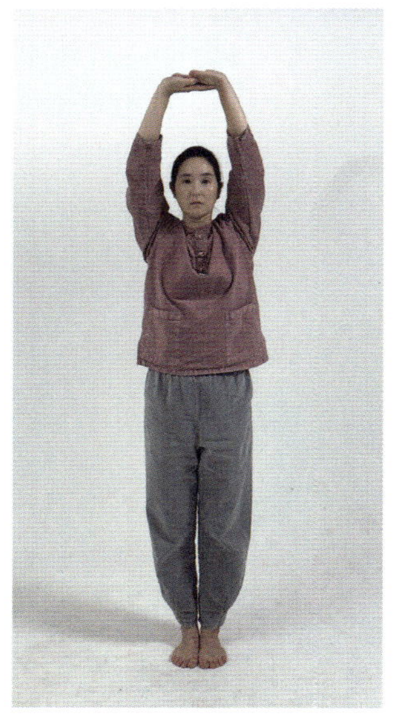

3   4

숨을 들이 마시면서 양손을 그대로 하늘로
쭉 뻗어 올려 손바닥이 하늘을 향하게 한다.
숨을 멈추면서 양팔이 그대로 수평이 되도록 한다.

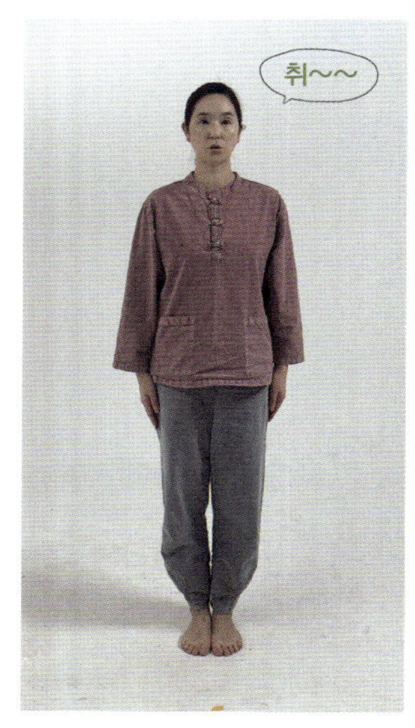

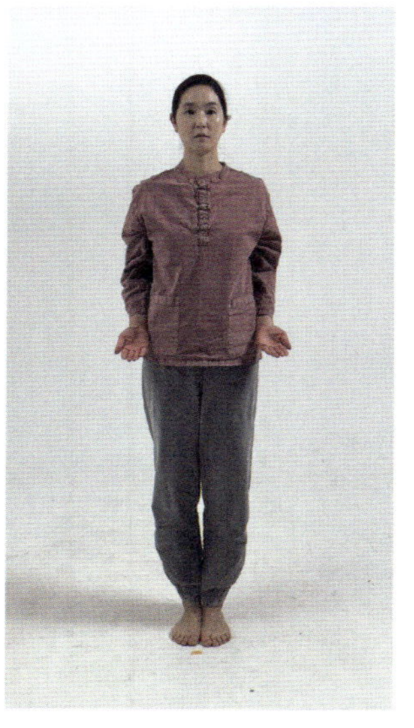

5   6   7

‘취~~’라고 소리를 내며
숨을 내쉬면서, 서서히 양손을
그대로 완전히 내린다.

숨을 들이 마시면서 손바닥을 위로 한 채 양손을
겨드랑이까지 바짝 끌어올려 가볍게 주먹 쥐고
팔꿈치를 뒤로 젖히며 가슴을 편다.

8

9

숨을 멈춰 왼발을 앞으로 내딛고,
양손을 펴 손바닥이 땅을 향하게 해서 내리누른다.
약 3초 동안 호흡을 참는다.

10

'취~~'라고 소리를 내며 숨을 내쉬면서,
양손을 단전 앞으로 모아 교차하고,
동시에 체중을 뒷다리로 옮기면서
나갔던 발을 원래 위치로 모은다.

11

숨을 들이 마시면서
양손 수평이 되도록 올린다.

12

'취~~'라고 소리를 내며
숨을 내쉬면서, 양손을 내려 하단전에서
교차하며 숨 고르기를 해준다.

13

다음 동작의 준비 자세를 취한다.
(오른손이 앞으로)

방광의 기(氣)와 혈(血)이 운행하는 경로는 다음과 같다.

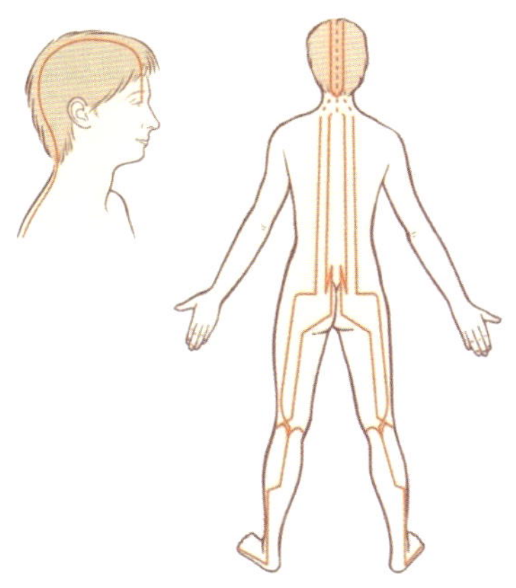

방광 경선(Bladder Meridian)

방광 경선은 근막의 표면 후방선, 나선선 후면과 거의 일치하는 경로를
보여주고 있다.

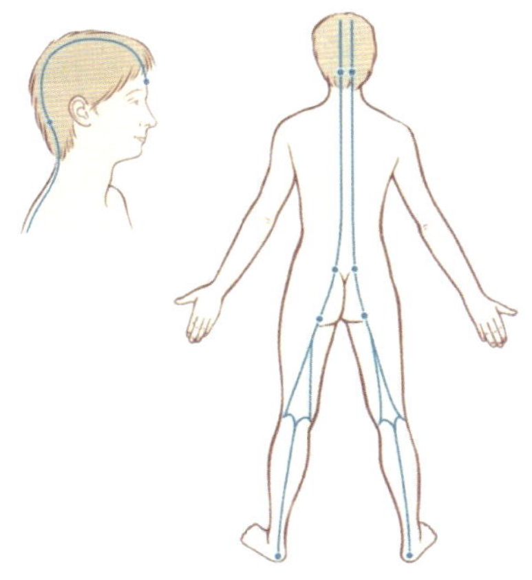

표면 후방선(Superficial Back Line)

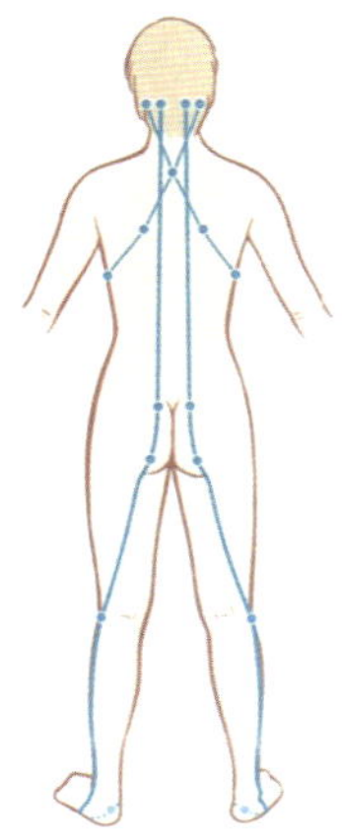

나선선 후면(Spiral Back Line)

앞 그림의 방광 경선과 표면 후방선, 그리고 나선선 후면의 흐름을 생각하며
동작 수행을 한다.

1

준비 자세:
숨을 깊게 들이 마신 상태에서,
약 1/3 정도 숨을 토해내고,
잠시 멈춘 후, 단전에 기(氣)를 모으며
준비 자세를 취한다.
(오른손이 앞으로)

2

'취~~'라고 소리를 내며
숨을 내쉬면서, 동시에
오른발을 왼발로 모으고,
교차한 양손은
단전 부위로 내린다.

3   4

숨을 들이 마시면서 양손을 그대로 하늘로
쭉 뻗어 올려 손바닥이 하늘을 향하게 한다.
숨을 멈추면서 양팔이 그대로 수평이 되도록 한다.

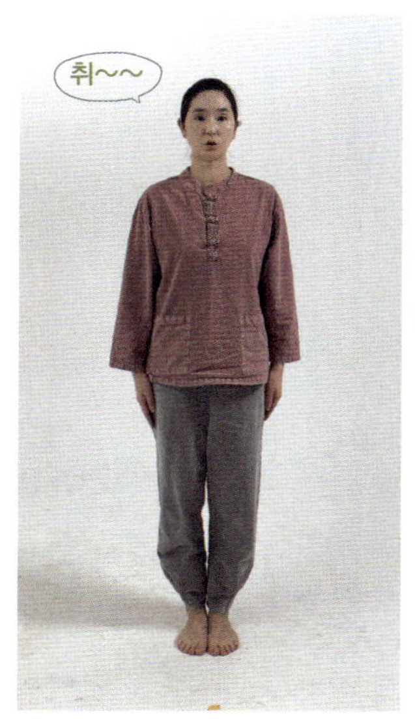

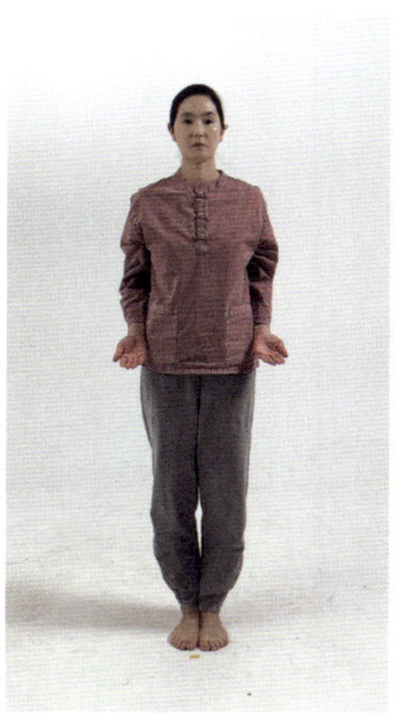

5   6   7

'취~~'라고 소리를 내며
숨을 내쉬면서, 서서히 양손을
그대로 완전히 내린다.

숨을 들이 마시면서 손바닥을 위로 한 채 양손을
겨드랑이까지 바짝 끌어올려 가볍게 주먹 쥐고
팔꿈치를 뒤로 젖히며 가슴을 편다.

8   9

숨을 멈춰 오른발을 앞으로 내딛고,
양손을 펴 손바닥이 땅을 향하게 해서 내리누른다.
약 3초 동안 호흡을 참는다.

10   11

'취~~'라고 소리를 내며 숨을 내쉬면서,
양손을 단전 앞으로 모아 교차하고,
동시에 체중을 뒷다리로 옮기면서
나갔던 발을 원래 위치로 모은다.

숨을 들이 마시면서
양손 수평이 되도록 올린다.

12

'취~~'라고 소리를 내며
숨을 내쉬면서, 양손을 내려 하단전에서
교차하며 숨 고르기를 해준다.

13

다음 동작의 준비 자세를 취한다.
(왼손이 앞으로)

화타(華佗)가 창안한 「오금희(五禽戱)」에서는 '사슴'을 수(水)에 배속시켰다. '사슴'은 "그 자태가 매우 상서롭고, 몸체가 편안하고 부드러우며…"(곽정헌, p. 31) 라고 표현했듯이, 사슴이 자신의 몸을 편안하게 힘을 빼며 움직이는 특성 때문에, 유유하게 흐르는 수(水)의 성질에 배속시키지 않았나(?) 하는 생각이 든다.

중국의, 마왕퇴 묘에서 발굴된 "도인도(導引圖)"에 그려진 44가지 동작 중에서
사슴의 움직임 특성을 보여주는 그림 몇 점을 찾아보았다.

마왕퇴 「도인도」	「오금희」 중, 사슴의 움직임
	사슴이 우두커니 서서 먼곳을 바라보다.
	사슴이 꼬리뼈부터 척추하나하나를 일으켜 세운다.

사슴이 오른쪽으로 목을 휘어 구부리다.

사슴이 왼쪽으로 목을 휘어 구부리다.

사슴이 앞발을 끌어당겨 올리다.

사슴이 발굽으로 땅을 디디며 버티다.

(참고 자료: 지부, 2010; 장경영 외, 2011; 곽정헌, 2018)

　예부터 사슴은 지상과 천상을 연결하는 영적인 동물로, 영생(永生)을 상징하며, 복되고 좋은 일이 있을 것 같은 길조로 여겨진 동물이다. 사슴의 움직임은 서서 멀리 바라보다가, 목을 돌려 뒤를 살피고는, 위험을 느끼게 되면 마구 달린다.

　사슴처럼 달릴 수만 있다면 수(水)에 배속된 신장과 방광의 기능이 좋아지지 않을까? 유달리 잘 놀래고, 스트레스를 받거나 긴장하면 약간의 방광염 증상을 보이는 나는 한 마리 사슴이 되어 가끔씩 뛰어본다. 신장과 방광이 튼튼해진 기분이 든다.

　앞서 제시한 사슴의 동작을 수행할 때에, 숨을 들이마실 때에는 4박자 동안 코로 들이마시고, 코로 들어 온 공기(산소)가 온몸을 7박자 동안 퍼지게 하고, 숨을 내쉴 때에는 8박자 동안 취~~ 소리를 내며, 신장과 방광으로 묵은 기운을 내보낸다는 생각으로, 들이마신 시간보다 두 배로 더 길게 내뱉는다. 반복적으로 동작을 수행하게 되면, 두렵고 놀란 가슴이 천천히 가라앉는 듯한 기분이 들게 된다.

부록

통합 소매틱 무용/움직임 연구회

통합 소매틱 무용/움직임 연구회

(ISD/MS: Integrative Somatic Dance/Movement Studies)

Mission Statement

통합 소매틱 무용/움직임 연구회는 동양과 서양의 소매틱 움직임 교육을 통해 모든 인간이 보다 나은 삶을 영위할 수 있도록 안내합니다.

We guide every human being for better life through integral somatic embodiment education of both East and West.

Value

통합 소매틱 무용/움직임 연구회는 자연에 순응하며 삶을 이롭게 하는 "Somatic Dancing®"의 가치를 실천합니다.

We value "Somatic Dancing®" which follows the Mother Nature's Law.

Logo

본 로고는 출생 후 생명 보전의 주요 원천이 되는 비/위(脾/胃)의 기능을 북돋기 위해 춤추는 사람을 묘사합니다.

The logo was designed to represent a dancing human being invigorating the function of spleen/stomach which is the main source of the life-sustaining postnatal energy.

맑고 깨끗한 하늘과 깊은 바다를 상징하는 파란색은, 'soma' 즉, 생명체의
본질인 '신경 세포체'를 의미합니다.

The color "blue", a symbol of the clean sky and the deep sea, signifies the essence
of living organism which is considered 'soma'.

노란색은 동양학의 오행(五行) 중의 토(土: earth)에 해당하는 색깔이며, 인체
장부의 가장 중앙에 자리 잡고 있는 비/위(脾/胃)를 의미합니다.

The color "yellow", corresponding with 'earth' element, implies the center of
everything. Spleen/Stomach are situated at the center of the internal organs in the
human body.

춤추는 사람의 주변을 둘러싸고 있는, 무한함의 상징인 뫼비우스 띠는 안과
밖이 조화를 이루며, 끊임없이 변화하는 천지만물의 변화(움직임)를 구현하고자
함을 의미합니다.

The möbius strip, a symbol for infinity, surrounding a dancing human being
embodies the values to understand the Mother Nature's Law in the one, long,
continuous side.

Contents

1. 기 플로우 댄스 [Ki (氣: inner energy) Flow Dance][*1]

- 승(升) : Growing
- 강(降) : Shrinking
- 출(出) : Scattering
- 입(入) : Gathering

2. 소매틱 댄싱® (Somatic Dancing®): Rhythm of Mother Nature

a. 동(動: 우주만물의 변화)의 춤
  - 흥(興)/쇠(衰) : Ascending / Descending
  - 영(盈)/허(虛) : Advancing / Retreating
  - 장(長)/소(消) : Spreading / Enclosing

b. 액시스 스케일 (Axis Scale)[*2]

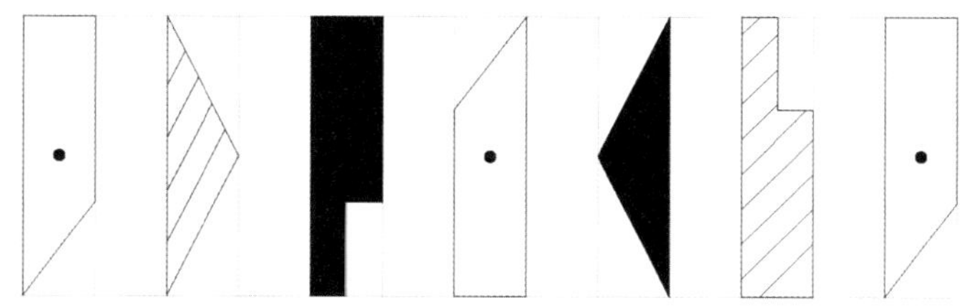

3. 유깃 댄스® (Yugid Dance®)

; 기(氣: Ki)를 – 즐겁게 깨우쳐 (愉)

        – 부드럽고 조화롭게 (柔)

        – 흐르도록 한다. (流)

a. 경선(經線)의 춤: Flow Dance of Meridians (Internal Organs & Myofascial Lines) [3]

b. 플루이드 엑서사이즈 (Fluid Exercises) [4]

* 1: 기 플로우 댄스 [Ki (氣: inner energy) Flow Dance]

축(Axis) 기(氣) 흐름	수직축 (Vertical)	전후축 (Sagittal)	수평축 (Horizontal)
승(升): Growing	길게 늘이는 (Lengthening)	불룩하게 하는 (Bulging)	넓히는 (Widening)
강(降): Shrinking	짧게 줄이는 (Shortening)	움푹 들어가게 하는 (Hollowing)	좁히는 (Narrowing)
출(出): Scattering	상승하는 (Ascending)	전진하는 (Advancing)	펼치는 (Spreading)
입(入): Gathering	하강하는 (Descending)	후퇴하는 (Retreating)	에워싸는 (Enclosing)

* 2: 액시스 스케일 (Axis Scale)

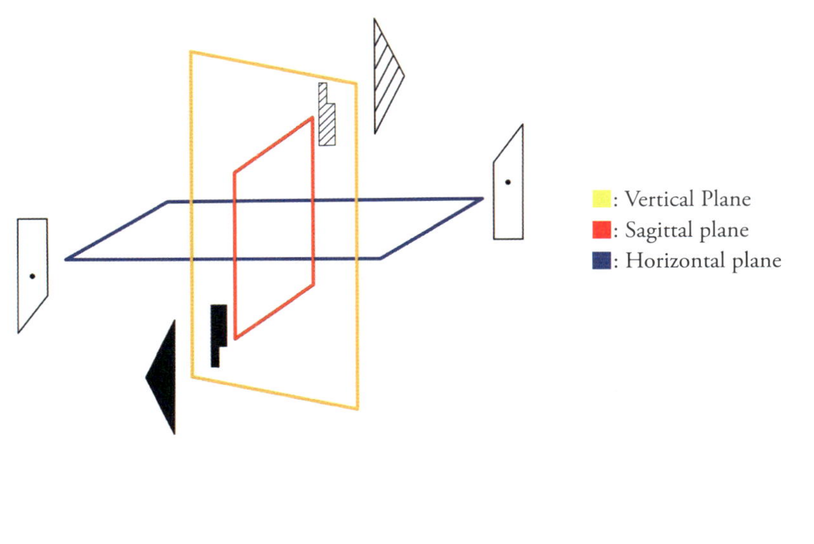

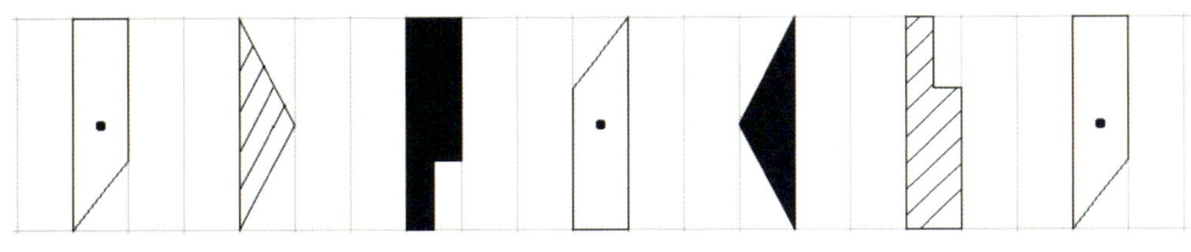

Ascending	Retreating	Spreading	Descending	Advancing	Enclosing
(흥: 興)	(허: 虛)	(장: 長)	(쇠: 衰)	(영: 盈)	(소: 消)

* 3: 내장 경선 vs 근막 경선 (Internal Organ Meridians vs Myofascial Meridians)[1]

경선 (Meridians) / 오행 (5 Elements)		내장 경선 (Internal Organ Meridians)	근막 경선 (Myofascial Meridians)
목 木 (Wood)	음 (Yin)	간장 경선 (Liver Meridian)	심부 전방선 (Deep Front Line)
	양 (Yang)	담낭 경선 (Gallbladder Meridian)	외측선 (Lateral Line)
화 火 (Fire)	음 (Yin)	심장 & 심포 경선 (Heart & Pericardium Meridian)	표면 전방 상지선 (Superficial Front Arm Line)
	양 (Yang)	소장 경선 (Small Intestine Meridian)	심부 후방 상지선 (Deep Back Arm Line)
토 土 (Earth)	음 (Yin)	비장 경선 (Spleen Meridian)	*심부 전방선, 하단 부위 (Deep Front Line)
	양 (Yang)	위장 경선 (Stomach Meridian)	표면 전방선 & 나선선, 전면 하단 부위 (Superficial Front Line & Spiral Line)
금 金 (Metal)	음 (Yin)	폐장 경선 (Lung Meridian)	심부 전방 상지선 (Deep Front Arm Line)
	양 (Yang)	대장 경선 (Large Intestine Meridian)	*표면 후방 상지선 (Superficial Back Arm Line)
수 水 (Water)	음 (Yin)	신장 경선 (Kidney Meridian)	심부 전방선, 전면 하단 부위 (Deep Front Line)
	양 (Yang)	방광 경선 (Bladder Meridian)	표면 후방선 & 나선선 후면 (Superficial Back Line & Spiral Back Line)

* 저자가 비장 경선과 심부 전방선, 하단 부위와의 연관성, 그리고 대장 경선과 표면 후방 상지선과의 연관성을 제시하고자 한다. (Postulated by KyungHee Kim.)

• • •

1. 마이어스, T. (2014). **근막경선 해부학(3판) 자세 분석 및 치료**. (Cyriax 정형의학연구회 외, 역). 서울: 엘스비어코리아. (2001).

[목(木) Wood]

	내장 경선 (Internal Organ Meridians)	근막 경선 (Myofascial Meridians)
음 (Yin)	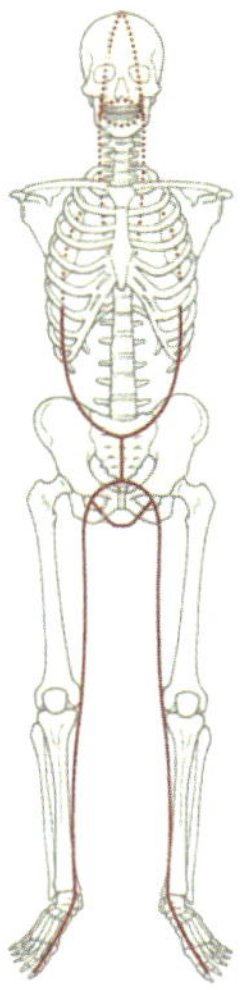 간장 경선 (Liver Meridian)	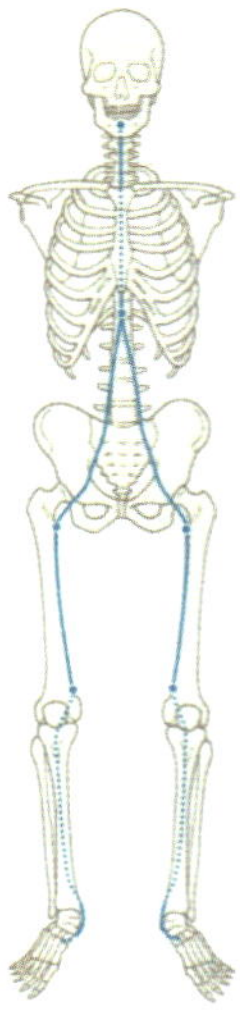 심부 전방선 (Deep Front Line)
양 (Yang)	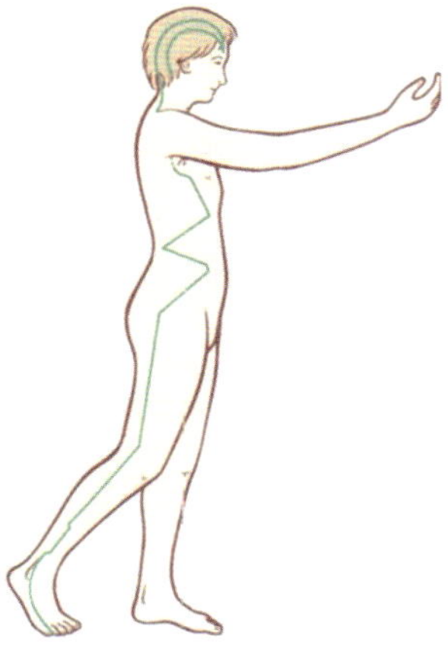 담낭 경선 (Gallbladder Meridian)	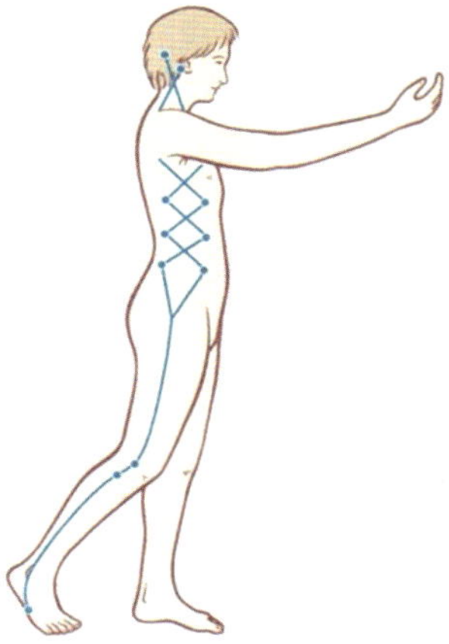 외측선 (Lateral Line)

[화(火) Fire]

	내장 경선 (Internal Organ Meridians)		근막 경선 (Myofascial Meridians)
음 **(Yin)**	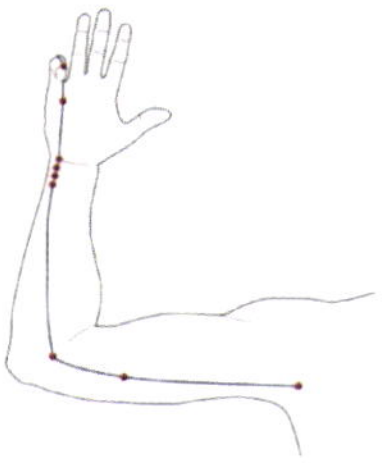 심장 경선[2] (Heart Meridian)	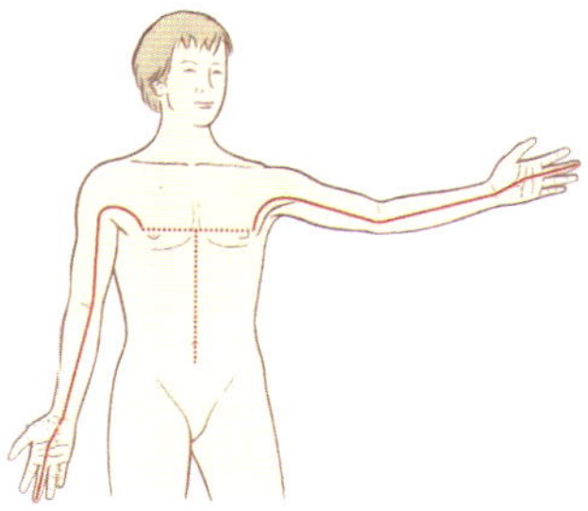 심포 경선 (Pericardium Meridian)	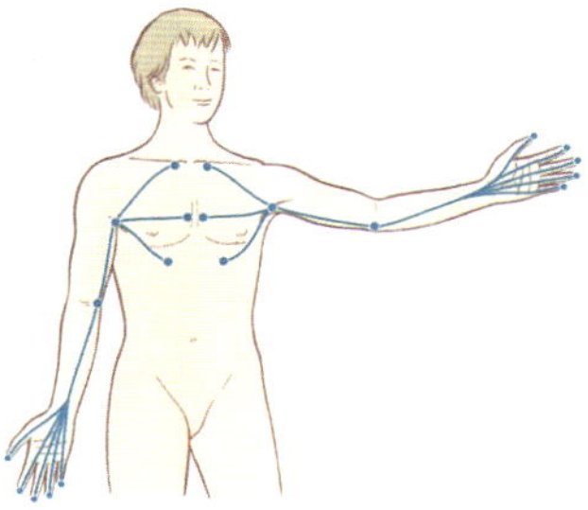 표면 전방 상지선 (Superficial Front Arm Line)
양 **(Yang)**	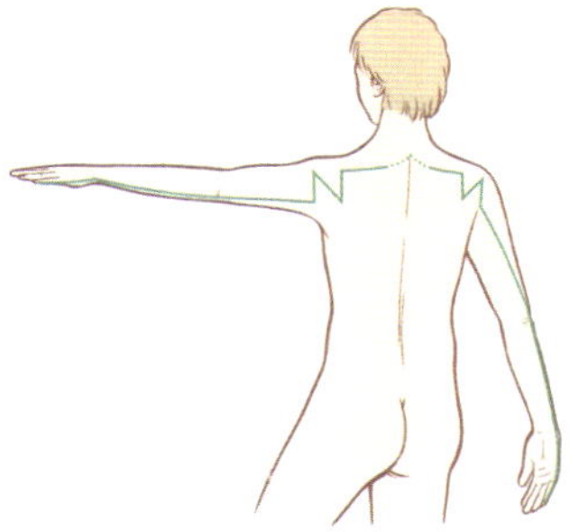 소장 경선 (Small Intestine Meridian)		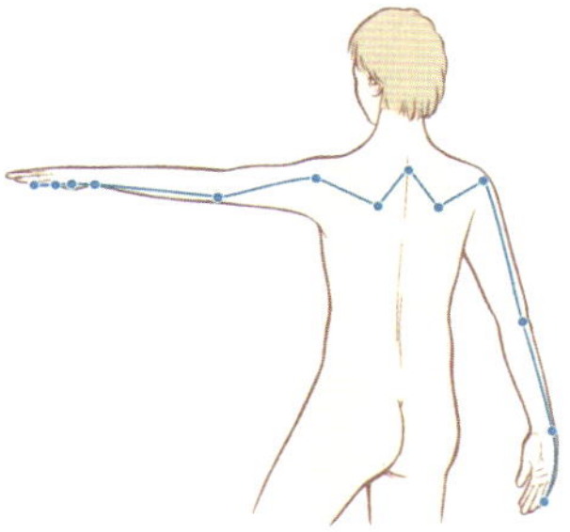 심부 후방 상지선 (Deep Back Arm Line)

• • •

2. 한의학융합연구정보센터, 표준경혈 DB. 수소음심경. retrieved from https://www.kmcric.com/database/acupoint/HT

[토(土) Earth]

	내장 경선 (Internal Organ Meridians)	근막 경선 (Myofascial Meridians)	
음 (Yin)	비장 경선[3] (Spleen Meridian)	심부 전방선, 하단 부위 (Deep Front Line)	
양 (Yang)	위장 경선 (Stomach Meridian)	표면 전방선 (Superficial Front Line)	나선선, 전면 하단 부위 (Spiral Line)

● ● ●

3. Spleen Meridian. retrieved from http://www.pinterest.com

[금(金) Metal]

	내장 경선 (Internal Organ Meridians)	근막 경선 (Myofascial Meridians)
음 (Yin)	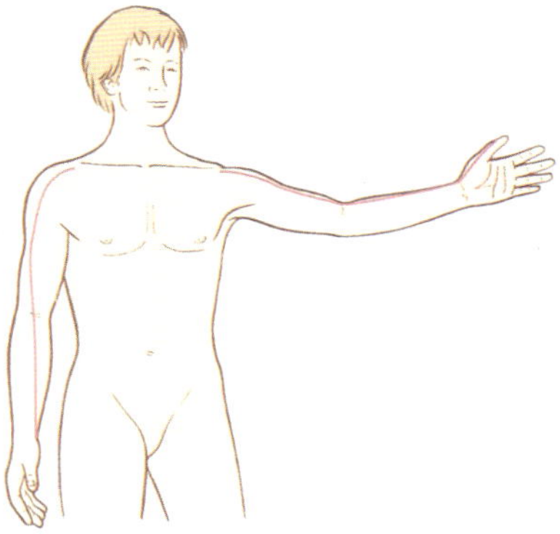 폐장 경선 (Lung Meridian)	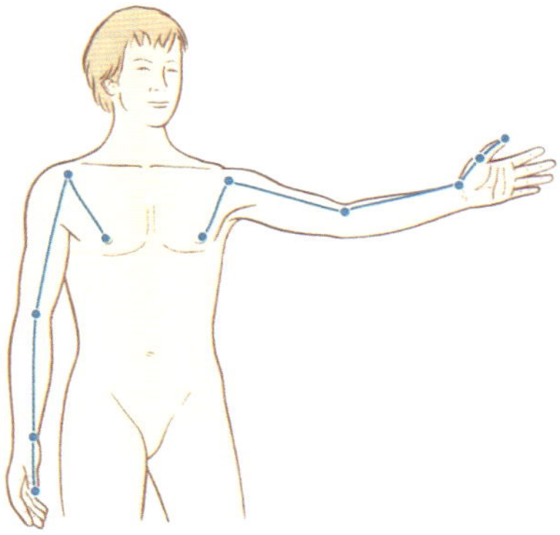 심부 전방 상지선 (Deep Front Arm Line)
양 (Yang)	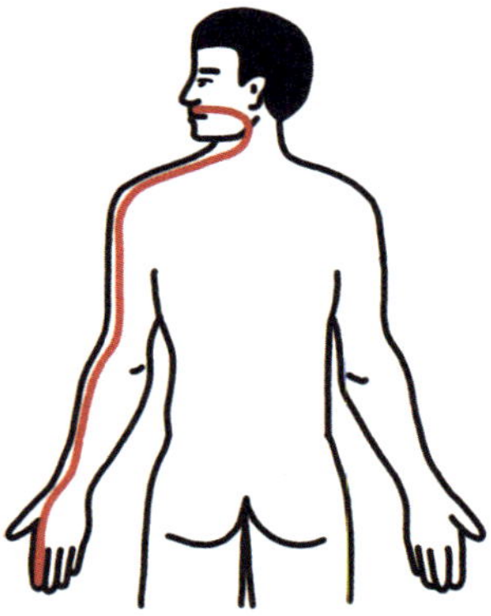 대장 경선[4] (Large Intestine Meridian)	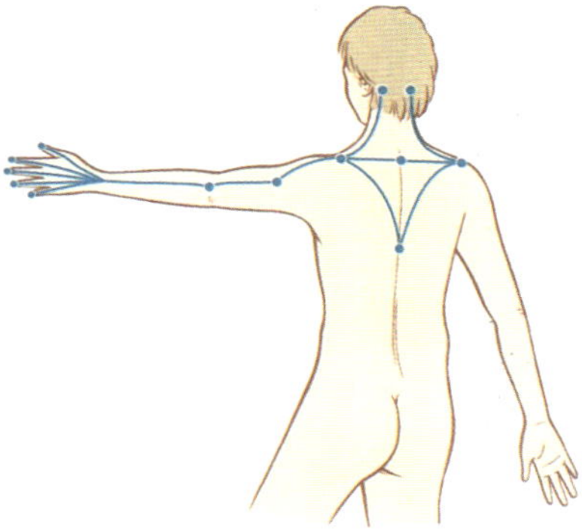 표면 후방 상지선 (Superficial Back Arm Line)

4. Large Intestine Meridian. retrieved from http://www.pinterest.com

[수(水) Water]

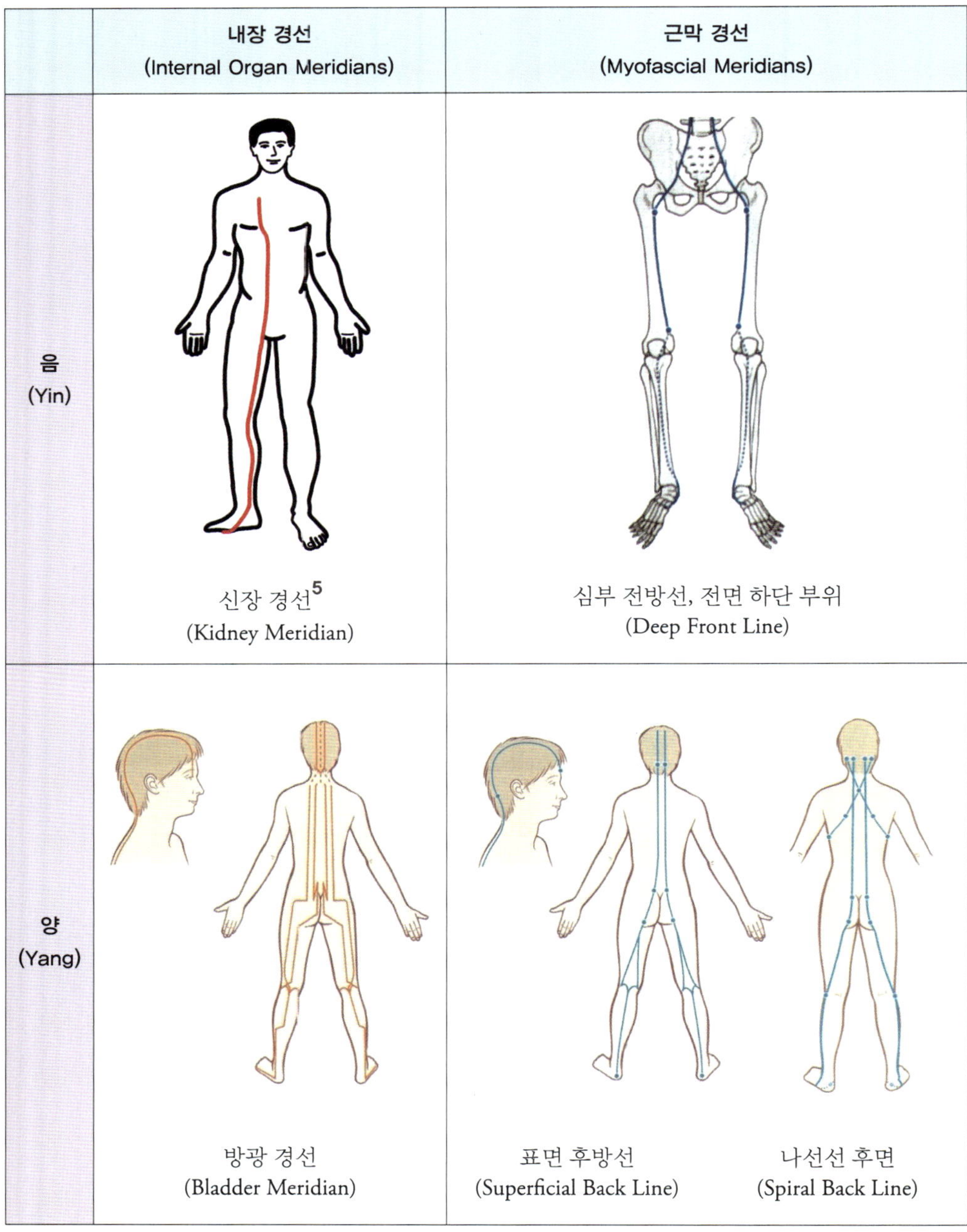

	내장 경선 (Internal Organ Meridians)	근막 경선 (Myofascial Meridians)
음 (Yin)	신장 경선[5] (Kidney Meridian)	심부 전방선, 전면 하단 부위 (Deep Front Line)
양 (Yang)	방광 경선 (Bladder Meridian)	표면 후방선 (Superficial Back Line)　　나선선 후면 (Spiral Back Line)

• • •

5. Kedney Meridian. retrieved from http://www.pinterest.com

*4: 플루이드 엑서사이즈(Fluid Exercises)

Pattern	Fluid	Movement	Body System
Breath	Cellular, Intercellular, and transitional	Walk to Form a Circle	Cells
Pulsation and Sponging	Pumping of Fluids and Intercellular	Proprioceptive Neuromuscular Facilitation	Circulatory System
Navel Radiation	Synovial	Shaking	Joints and Synovial
Mouthing	Blood	Swing: Venous Reach and Volute: Arterial	Organs
Prespinal	Cerebral Spinal Fluid	Spiral Twist and Descent to the Floor	Nerves
Homolateral	Lymph	Aikido Rowing with 'hah' sound	Ligaments
Contralateral	Combo	Diagonal Scale to 4/4 rhythm w/"Effort"	Glands

* Spinal and Homologous Patterns are not used in this warm-up.

© Martha Eddy, 2000[6]

• • •

6. Eddy, M. (2014). BodyMind Dancing™ Teacher Certification Manual.

동양의 소매틱 움직임 교육 소개

동양의 소매틱 움직임 교육 소개

- 한국: 「국선도(國仚道)」
- 일본: 「갓츠겐 운도(活元運動)」
- 중국: 「오금희(五禽戲)」

Note: 동양의 소매틱 움직임 교육 프로그램들은 헤아릴 수도 없이 많지만, 본 장에서는 저자가 체득한 학습내용과 관련 서적, 그리고 영상 자료 등을 참조하여, 수련을 먼저 시작한 프로그램 순서대로 정리하였음을 밝힌다.

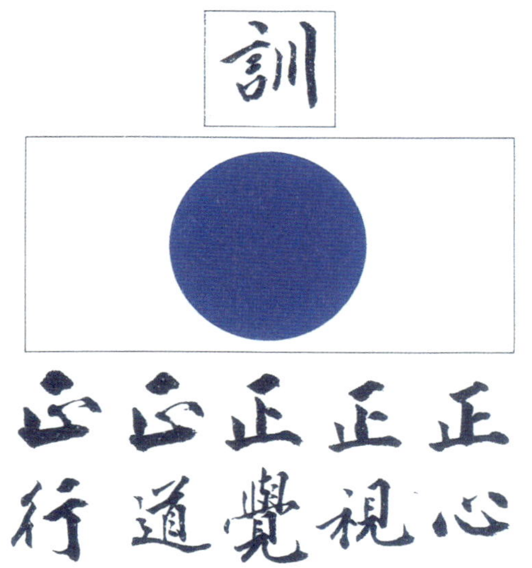

[출처: 청산선사. (1993). 국선도-I. 서울: 도서출판 국선도.]

훈(訓): 가르침

- 정심(正心): 하늘사람의 참되고 올바른 마음으로
- 정시(正視): 하늘의 뜻을 따라 올바로 살펴보고
- 정각(正覺): 참된 진리를 깨닫고 얻어가져
- 정도(正道): 하늘의 도리를 다하는 바른 길로
- 정행(正行): 추호의 주저함이 없이 행(行)하라.

선도주(仟道住): 하늘사람의 진리에 사람이 주인

- 정각도원(正覺道源): 진리의 근원을 내가 바르게 깨달아
- 체지체능(禮智體能): 지혜와 능력을 얻어가져
- 선도일화(仟道一和): 하늘사람 진리에 하나가 되어
- 구활창생(救活蒼生): 하늘 안의 모든 생명체를 구하리.

국선도 수련시 마음 자세

- 일상생활에 평상심(平常心)을 가져야 합니다.
- 대효지심(大孝之心)을 가져야 합니다.
- 공욕지심(公慾之心)을 가져야 합니다.
- 만물과 하나되는 마음을 가져야 합니다.

수련의 단계

1. 내공(內功)

- 정각도(正覺道)[*1]: 중기, 건곤, 원기

- 통기법(通氣法): 진기, 삼합, 조리

- 선도법(仸天道法): 삼청, 무진, 진공

2. 외공(外功)

- 화중법(和中法)

- 오공법(五功法): 목(木)−선세(善勢), 생세(生勢)

        : 화(火)−관세(觀勢), 변세(辨勢)

        : 토(土)−진세(眞勢), 실세(實勢)

        : 금(金)−정세(正勢), 당세(當勢)

        : 수(水)−의세(意勢), 사세(思勢)

- 팔상법(八象法) 외 다수

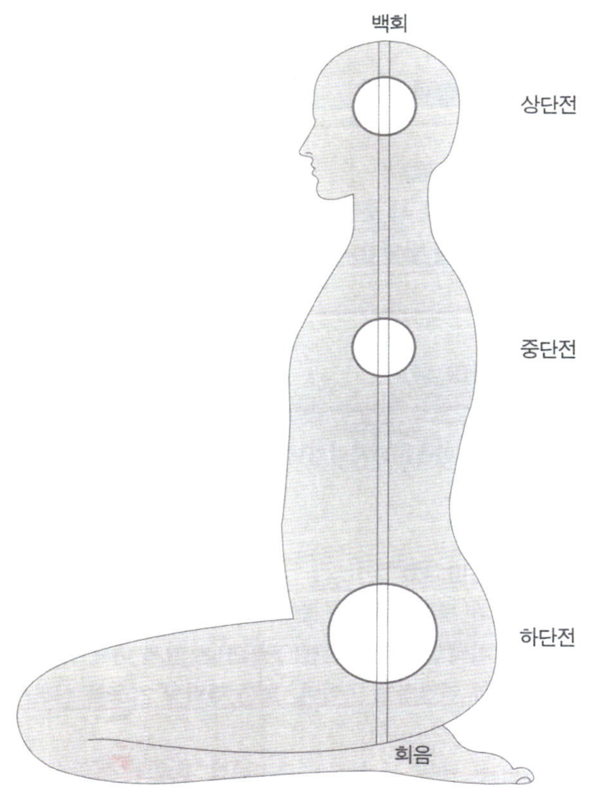

• • •

허경무. (2006). **국선도 강해**. 충남: 밝문화미디어, p.54.

삼단전의 위치

	단법도 1	단법도 2	단법도 3
입문 호흡			
중기 단법			
건곤 단법			

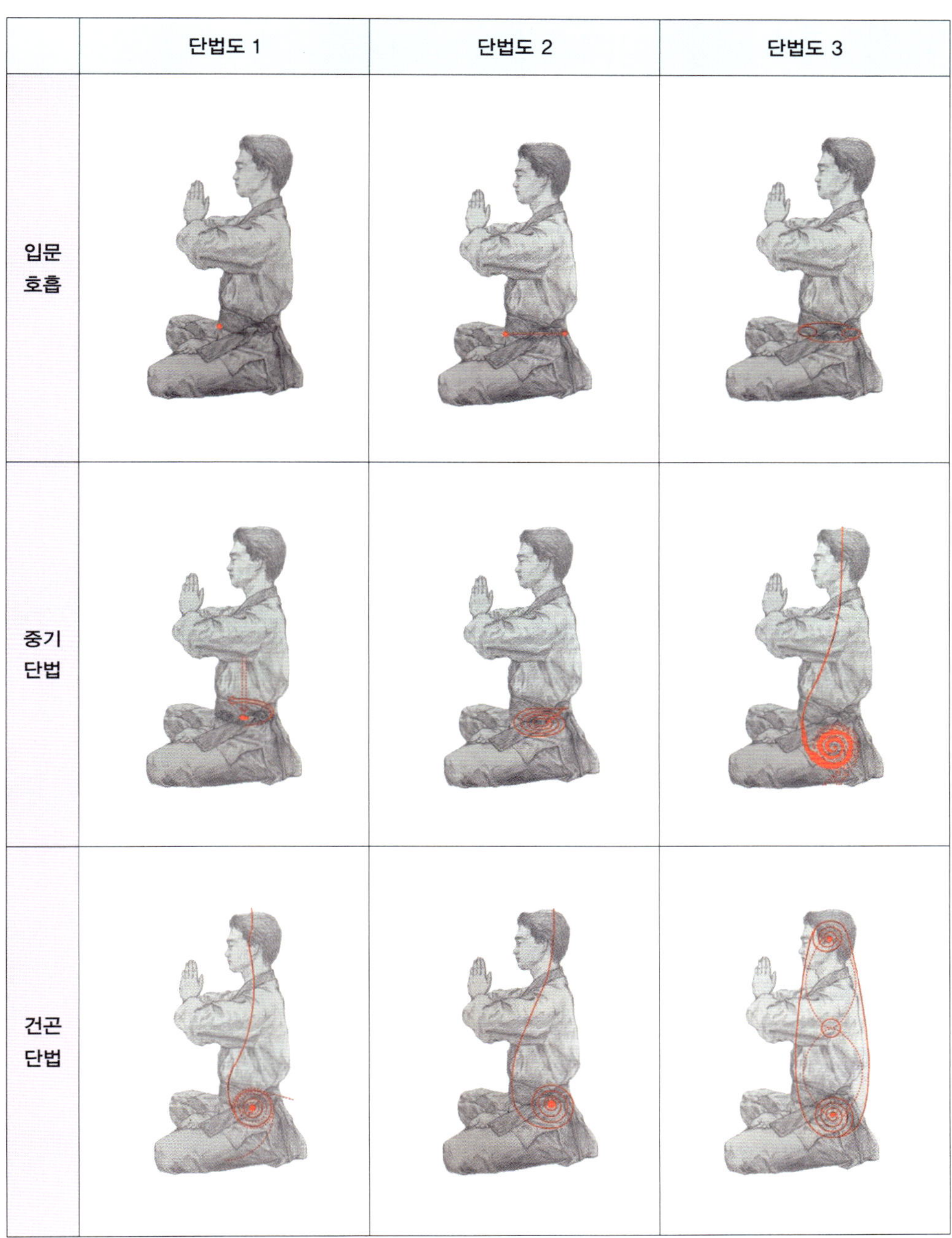

허경무. (2006). **국선도 강해**. 충남: 밝문화미디어.

정각도의 핵심[1]

	중기	건곤	원기
개요	인체 내의 수승화강이 잘 이루어져 중기의 작용, 즉, 음양이 합하고 분리하는 힘을 증진시키기 위한 수련법이다.	하늘 건과 땅 곤, 그리고 그 사이의 5가지 기운, 즉, 건곤기가 인체에 활성화되도록 이루어진 수련법이다.	자연에 충만한 천지의 원기를 받아들여 인체에 골고루 유통시켜 활력 있는 건강체를 지켜나가기 위한 수련법이다.
목표	일단, 중심을 잡아 세우기 (살리기) 위함이다.	태어났을 때의 원래 몸 상태로 돌아가기 위함이다.	원래 상태로 돌아간 몸과 마음이 더 이상 나빠지지 않도록 유지하기 위함이다.
원리	음양오행의 생성원리에 의한 생수(生數) 25동작과 성수(成數) 25동작을 합친 50개의 서로 다른 동작으로 12경맥[1-a] 유통이 원활해지도록 구성되어 있다.	하늘 기운의 10동작과 땅 기운의 12동작으로 천지의 기운이 삼합하여 생성 변화하는 이치를 깨달아 천지인(天地人)이 하나로 조화를 이루어 임맥과 독맥[1-b] 유통이 원활해지도록 구성되어 있다.	1년을 360일로 보고 매일 변화하는 자연의 기운에 순응한다는 의미로 360동작으로 기운의 흐름이 원활해지도록 구성되어 있다.
마음자세	대우주와 자신이 하나로 합일된다는 마음으로 대우주의 정신이 내 중심에 자리 잡도록 단전을 관(觀)한다.	천지 기운을 잘 받을 수 있도록 하늘과 땅의 운행에 합류하는 기분으로 고요하고 부드럽게 움직이며 마음을 편안하게 가라 앉히고, 고요하게 숨을 쉰다.	대자연의 품속에 포근히 감싸 안긴다는 마음자세로 항상 마음을 고요히 가라 앉히고, 각 동작에 해당하는 자연 변화가 내 몸안에서 일어나도록 마음가짐을 가져야 한다.

*1 : 저자가 수련과정을 통하여 학습한 내용과 「국선도 강해」 등 관련 자료들을 참고하여 정각도의 핵심을 정리하였음을 밝힌다.

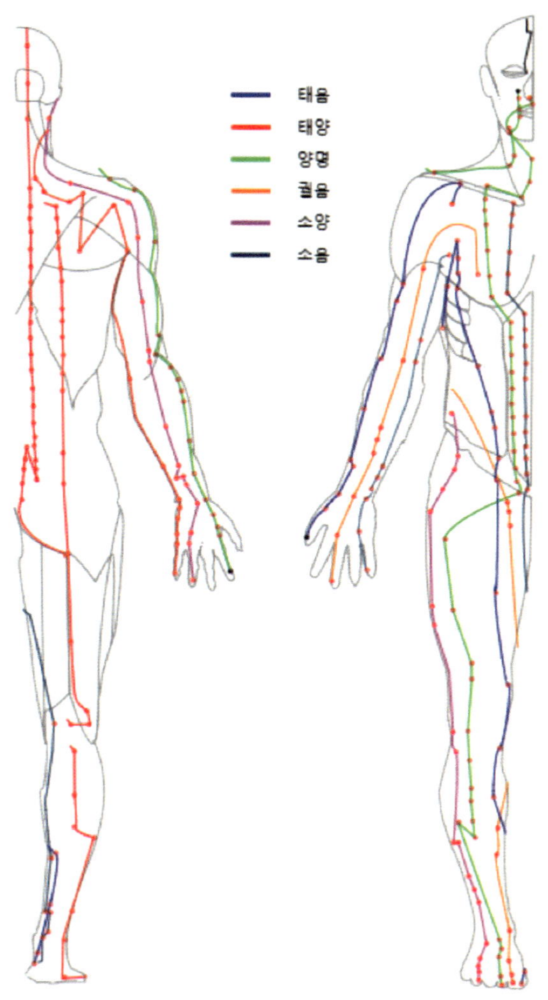

12경맥*1-a
(체내의 기혈이 운행되는 주요 통로)

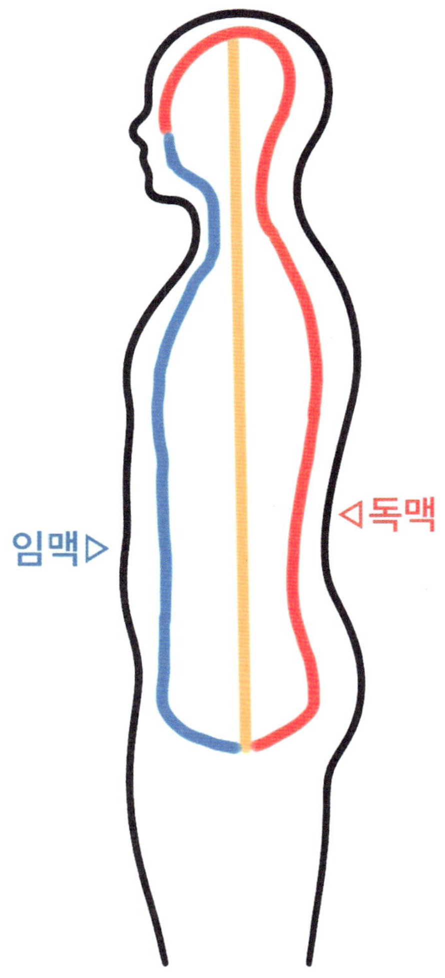

임맥과 독맥*1-b
(인체 경락의 주요 통로)

일본: 「갓츠겐 운도(活元運動)」

하루치카 노구치
;「사단법인 정체(整体) 협회」 창설자

〈참고문헌〉

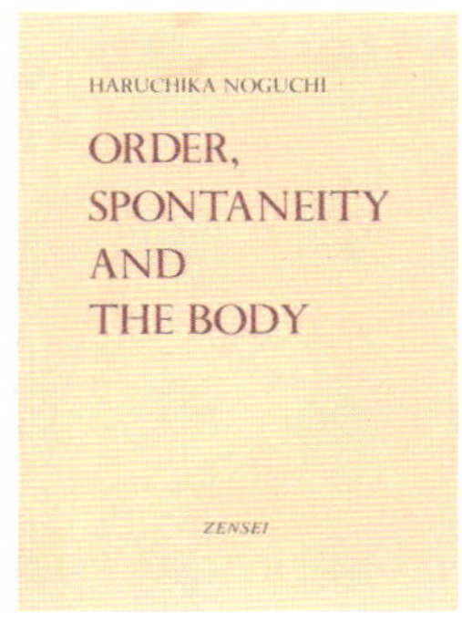

1984년　　　　　1986년　　　　　1991년

〈영문 번역서〉

Contents

1. 예비동작

A.

B.

C.

2. 갓츠겐 운도(무의식 운동)

3. 상호 갓츠겐 운도(Mutual Gatsugen Undo)

4. 유기법(愉氣法)

5. 타이헤키[体癖(체벽): Bodily Tendency]

- 상하형(上下型: 조게-가타): 1종, 2종
- 좌우형(左右型: 사유-가타): 3종, 4종
- 전후형(前後型: 젠고-가타): 5종, 6종
- 염전형(捻転型: 네지레-가타): 7종, 8종
- 개폐형(開閉型: 카이헤이-가타): 9종, 10종
- 지속형(遲速型: 치소쿠-가타): 11종, 12종

화타의 「오금희」(華陀五禽之戲)
Hwata's Five-animal Play

화타(華陀); 「오금희」 창시자

〈宗 旨〉

1. 尊師重道(존사중도): 스승을 존경하고 도덕을 중시하라.

2. 孝順父母(효순부모): 부모에게 효도하고 순종하라.

3. 友愛同門(우애동문): 같은 동문끼리 서로 사랑하고 위하라.

4. 勤修道技(근수도기): 도기를 부지런히 갈고 닦아라.

5. 濟世行仁(제세행인): 세상을 구제하고 인자함을 행하라.

〈수련단계〉

형(形)·법(法)·공(功)·해(解)

〈참고 자료〉
- 곽정헌. (2001). 화타오금지희도해: 기공의 원류. (김성기, 박윤선, 공역). 서울: 우리.
- 장경영, 장방홍, 방락창. (2011). 도인술의 원류 비전 화타 오금희. (김성기, 역). 서울: 성균관대학교 출판부.

화타 오금희(華佗 五禽戲) 수련기

김○○, 2024년(제 82기) 수료

우리는 살면서 여러 가지 질병의 위협에 노출되어 있으나 미리 예방조치를 취함으로써 그 발생을 방지할 수 있다. 이는 동양의 양생학(養生學)의 궁극적 목표이며, 서양의 소매틱스(Somatics) 원리와 그 맥을 같이 한다고 볼 수 있겠다. 나는 동양의 심신수련법 중 하나인 「오금희」를 소매틱 움직임의 기본원리인 "B-R-A-C-E-D"로 구분하여 체득과정을 정리하고자 한다.

1. Breathe (호흡을 잘하다.)

나는 움직임 공부를 할 때에, 항상 "호흡"에 대하여 많은 생각을 한다. 몸을 구부릴 때에 숨을 들이마셔야 하나? 아니면 숨을 내쉬어야 하나? 몸을 펼 때에는 어떻게 해야 하나? 몸을 돌릴 때에는 또 어떻게 해야 하나? 생각을 너무 많이 한 나머지 머리가 어지럽고 동작 수행이 매우 부자연스럽게 되는 경우가 종종 있었다. 그러나, 「오금희」는 어떠한가? "(…) 동작이 호흡을 이끌어간다."

몇 달의 수련기간이 지난 후에 나의 움직임이 많이 편해졌다는 기분이 들었으며, 머리도 어지럽지 않게 되었다. 자연스러운 호흡이 가능해졌기 때문이지 않을까? 라는 생각이 들었다.

2. Relax (몸과 마음의 긴장을 풀다.)

자연스러운 호흡이 가능해진 덕분으로 항상 긴장되어 있었던 나의 몸과 마음을 부드럽게 풀어줄 수 있는 방법을 터득하게 되었다. 언제나 반복되는 무리한 동작 연습으로 인해 극도로 높아진 교감신경계…. 움직임을 수행하면서 자율신경계의 균형을 조절할 수 있는 방법은 없을까?

「오금희」 수련을 하면서 속근육은 물론, 오장육부의 움직임을 감지하게 되었다. 수련 중에, 여기저기에서 트림소리, 가끔은 하품소리까지 들린다. 아마, 함께 수련 중인 회원들이 모두 다 긴장을 풀고 있나 보다!

3. Align (신체를 정렬하다.)

2012년 12월 오른쪽 고관절 수술을 받은 나는 오른 다리의 실제 길이가 0.8cm 정도 길다. 나의 걸음걸이를 자세히 관찰해 보면, 약간 절뚝거린다. 그렇기 때문에, '호흡'만큼이나 '신체의 정렬'에 무척이나 예민하다.

「오금희」 동작 수행에 있어서, 특이할 점은 무게 중심의 이동 시에 발바닥의 위치이다. 발레 동작 자세를 취할 때에, 지나치게 발을 외회전시키며 훈련을 받아왔던 나는 김성기 선생님으로부터 깊은 우려의 말씀을 듣게 되었다. "(…) 그렇게 하시면 위험합니다!" 아! 우리 발레 무용수들은 이토록 위험한 자세를 만들기 위해 자신의 몸을 혹사시켰구나…(충격이었다.)

얼마나 걱정되셨으면, '위험'이란 단어를 사용하셨을까??? 천천히 발을 제 위치 (안전한 위치)에 갖다 놓는다. 나의 몸이 저절로 정렬이 되고 있음을 느끼게 되었다.

4. Connect (몸과 마음을 연결하다.)

마음도 없이 「오금희」를 배울 수 있을까? 배우고자 하는 마음은 간절했지만, 수월해 보이는 동작이 쉽게 익혀지질 않는다…. 이것보다 더 어려운 동작도 해낼 수 있는데 말이다.

일단, 어떻게 해보겠다는 욕심을 내려놓는다. 나는, 잠시 서서 멀리 바라보고 있는 '사슴(鹿)'이 되고, 허리를 구부리는 '곰(熊)'이 되고, 과일을 바치는 '흰 원숭이(猿)'가 되고, 양 날개를 펼치는 '새(鳥)'가 되고, 어깨와 등을 부드럽게 풀고 있는 '호랑이(虎)'가 된다.

아! 이제서야 동작이 조금은 수월해졌다. '예비공' 이후에 찬조출연으로
등장하는 몇몇 짐승들이 있지만, 반복 연습을 통하여 동작이 호흡을 이끌어 냄과
동시에, 나의 마음을 움직여 몸과 연결되고 있음을 느낀다.

5. Expect (바라는 바를 기대하다.)

나는 「오금희」를 왜 하는가? 건강해지려고? 물론 맞지만, 건강해지려고 하는
운동은 세상천지에 너무나 많다. 왜, 하필이면 「오금희」인가?

어려서부터 몸이 약했던 나는 엄마의 손에 이끌려 동네 '무용연구소'로
넘겨졌다. 그곳에서 나는 너무 열심히 한 덕분에(?) 점점 더 건강과는 멀어지게
되었으며, 혹독한 경쟁의 세계 속에 매몰되었다.

잘 먹어야 하는 어린 시절에 선배들을 흉내 내느라 심하게 다이어트를
하였으며, 남보다 더 잘하기 위해 고난도의 테크닉 연습을 무리하게 하였다….

오랜 세월이 흐른 후 우연히, 「오금희」의 수련 핵심을 알게 되었다.

"마음을 기르는 것은 고요하게, 기를 이끄는 것은 조화롭게, 몸을 이끄는 것은
부드럽게, 몸을 기르는 것은 반드시 움직여야 한다."

나는 내 몸과 마음이 편안해지기를 바란다. 「오금희」 수련 후, 바라는 대로
이루어지고 있음을 느낀다.

6. Dance (행복하게 춤추다.)

옛 문헌에 따르면, "(…) 관절을 이용하여 춤으로 질병을 고치고 다른 사람에게도
춤으로 병을 고치도록 하였다."라 한다. 이렇게 병을 치료하고, 건강을 증진시키기
위하여 고안된, 즉 양생학(養生學)에 기초한 「오금희」 움직임은 어찌 보면,
우리나라의 한국춤 같기도 하고, 또 어찌 보면 원시 무용의 한 부분 같기도 하다.
특히, 김성기 선생님의 움직임은 어느 명인의 춤 동작처럼 묘한 아름다움을
자아낸다.

「오금희」 동작을 수행하는 동안, 나는 사슴이 되고, 곰이 되고, 원숭이가 되고, 새가 되었다가, 호랑이가 된다. 가끔씩 '새'가 '붉은 봉황'이 되었다가, '백학'이 되고, 심지어는 '황금 닭'이 되었다가, '공작'도 되고, '올빼미'가 되고, 까치가 되어, 날개를 펼치며 가슴을 폈다가 감싸안기도 하며, 때로는 한쪽 날개를 퍼덕거리고, 외발로 서기도 하며, 단전을 감싸기도 하며, 다리를 꼬듯이 걷다가, 뒤를 돌아보기도 하다가, 급기야는 비상한다.

허리를 구부리며 몸을 풀던 '곰'은 발끝을 타고 오르기도 하고, 몸통을 돌리기도 하며, 쭈그리고 앉아 내장을 꿈틀거리기도 하며, 몸을 흔들기도 한다.

잠시 서서 멀리 바라보던 '사슴'은 꼬리뼈를 움직이고, 목을 휘게 하며, 몸통을 돌려 달리기도 하고, 우러러 뒤돌아보기도 하며, 앞발을 살짝 들어 끌어당겨 올리기도 하며, 뒷발굽을 뻗어 디디며 버티기도 하며, 목을 돌리며 휘게도 한다.

과일을 바치던 '흰 원숭이'는 팔을 들어 올리고, 과일을 따기도 하며, 재빨리 돌아앉기도 하고, 해를 가르키기도 하며, 삼초를 다스리며, 팔을 거꾸로 뻗기까지 하며, (감히) 호랑이를 치기도 한다.

어깨와 등을 부드럽게 풀고 있던 '호랑이'는 엎드리기도 하고, 깊숙이 걸터앉기도 하며, 무엇 때문에 화가 났는지는 모르겠지만, 성이 난 호랑이는 산을 훑어보기도 하고, 몸통을 돌리며 앉았다가, 산을 내려오기도 하며, 발톱으로 무언가를 집어 올렸다가 내리치기도 하며, 반대로 치기도 하고, 손바닥을 힘차게 앞뒤로 뻗기도 하며, 발톱으로 집어서 아래로 끌어내리기도 한다.

그밖에, 찬조출연으로 '물소'가 등장하여 달을 쳐다보고, '흰 구렁이'가 몸을 뒤집으며 등장한다. 마지막으로, 신령한 '여우'가 등장하여 달에게 절을 한다. 완벽한 "동물의 카니발"이다. 한바탕 「오금희」를 추고 나니 기분이 좋아졌다.

행복하다! 나는 이 행복을 많은 사람들과 함께 나누고 싶다.

「오금희」 수련을 통하여 또 다른, 특별한 교수법을 체득하게 해주신 김성기 선생님께 깊은 감사의 마음과 존경심을 표한다.

화타 오금희(華佗 五禽戲) 수련기

장○○, 2024년(제 82기) 수료

곧 있음 오금희를 시작한 지 1년이 된다. 길다면 길고 짧다면 짧은 1년이 금세 지났다. 화타오금희 한국 본부에서의 첫날이 생생하다. 주변을 헤매다 도착한 곳에서 새로운 사람들과 바닥에 둘러앉아 선배 기수들의 오금희 움직임을 올려다보았던 기억은 인상적이었다. 동작은 다소 생소하였지만 고요하면서도 에너지가 넘쳤고, 동작의 연결과 흐름은 자연스러웠다. 보고 있으니 긴장이 풀어지고 마음도 편안해졌지만, 과연 나도 동작의 이름을 선창하며 따라 할 수 있을까 걱정하면서 긴 움직임을 소화하는 선배들의 모습을 지켜보았다.

사실, 처음 오금희를 접한 것은 그보다 훨씬 전, 성균관대학교에서 김옥순 선생님을 통해서였다. 화타 오금희란 의성(醫聖) 화타가 만든 기공이며 다섯 동물의 움직임을 모방해 운동의 형태와 특징을 가지고 만들어졌다는 간략한 정보만 가지고 있었을 뿐, 접해볼 기회는 없었다. 오금희의 첫 시작인 예비공을 선생님의 동작과 설명에 따라 동작을 여러 번 반복하면서 간략하게 배웠다. 크게 격한 동작은 없었으나 특히 웅부신요(熊俯身腰) 동작 때문에 다음날 허벅지 뒤 근육통이 있었는데, 이것이 오금희에 대한 강한 첫인상이었다. 그러던 중, 김경희 교수님의 추천으로 오금희와 나는 다시 인연이 닿았고, 이렇게 1년의 수련은 시작되었다.

수련하면서 느낀 오금희의 매력 중 하나는 한자로 이루어진 동작의 이름의 뜻을 알고 그것을 몸으로 표현한다는 것이다. 대부분 움직임의 보편적 특징이기도 하지만, 발레 이외의 움직임이 낯설던 나에겐 새로웠다. 그리고 한자가 익숙하지 않아서 네 글자로 이루어진 동작 이름의 음(音)마저도 어려웠다. 수업 시간에 동작을 익히면서 주변에 훌륭하신 선생님들 덕분에 한자의 뜻과 의미를 알게 되었는데, 동작 이름의 어순마저도 흥미로웠으며 동작의 뜻을 알아가는 재미가

있었다. 그리고 오금희의 동작이 동물의 움직임을 토대로 만들어져 있어서 동작을
수행하는 데 이해도 잘 되고 잘 외워지기도 하였다.

두 번째로는 움직임의 규칙성이다. 오금희의 동작들은 처음부터 끝까지 연결이
되어 있다. 정면을 보고 시작하지만, 동작을 하다 보면 몸의 전면은 사방으로
바뀌면서 수행된다. 한자리에서만 움직이는 것이 아니라 공간의 이동도 있다. 첫날
선배들의 오금희를 보았을 때, 사방을 바라보며 앉았다 일어났다 하면서
자연스럽게 흐르고 연결된 움직임에서 규칙성을 찾진 못하였다. 하지만 수련하고
자세히 배우면서 팔과 다리의 움직임에 규칙성이 있음을 알게 되었다. 동작에서
팔을 들어 올리거나 발을 이동할 때, 돌아가는 방향 쪽의 발을 먼저 열어주고
뒤따라 움직이며, 두 손을 모을 때의 모양, 몸을 움직일 때 몸의 중심 이동, 시선은
주로 움직이는 손을 따라 멀리 보고, 몸의 전면을 향한다는 점이다. 그래서 새로운
동작을 배우고 익히면서 팔과 다리의 동작이 헷갈릴 때, 이러한 규칙성을 토대로
동작을 유추해 볼 수 있었다. 더불어 그 규칙성 안에 자연스럽게 연결되는 움직임,
그리고 운동성까지 겸비되어 있다는 것이 수련을 하면서 오금희가 경이롭다는
생각까지 들었다. 발레를 전공한 나에게 움직임의 규칙성은 사실 강박처럼
느껴지기도 한다. 정해진 발레의 기본 동작과 그 범위 안에서 움직이는 팔의 모양,
다리의 높이, 그리고 시선과 얼굴의 방향이 규칙적으로 정해져 있기 때문에 이것을
지키기 위해 훈련하고 연습해왔다. 발레를 수년간 해온 나에게 발레 외에 이러한
움직임은 생소하고 낯설지만, 동작의 규칙성에 따라 움직이고 수행한다는 것이
배우면서 재밌고 매력적으로 다가왔다.

세 번째는 오금희가 움직임이 과하거나 격동적이진 않지만, 동작마다 신체의
어느 부위를 자극하는 운동성을 가지고 있다는 것이다. 이것이 오금희를 하는
목적과 특징이겠지만, 고강도의 움직임을 소화했던 나에게 이런 움직임이 과연
신체에 자극이 될까 의문을 들게 했다. 하지만 천천히 움직이면서 격렬하지 않은
동작과 차분하면서도 민첩했던 동작들은 수련자들의 개개인의 운동 범위에 맞게
동작이 소화됨으로써 내 몸에 집중할 수 있게 하며, 동작을 수련하는 동안 근육이

사용되어 은은한 자극이 됨을 매번 느낄 수 있었다. 그리고 수업 시간 김성기 선생님의 '할 수 있는 만큼'이라는 말은 나를 더 편안하고 수련에 집중할 수 있게 해주었다.

지금 학생들을 가르치고 있는 입장에서 김성기 선생님의 수업 방식은 굉장히 흥미롭게 다가왔다. 먼저 다 같이 수련해 보고 오늘 배울 동작에 대해서 선생님의 움직임을 따라 하지 않고 바라본다는 점, 그리고 선생님이 우리를 향해 서 있지 않고 원래 수련하던 방향을 보면서 움직임을 보여주신다는 점이다. 그리고 그룹을 만들어 동작에 대해 서로 의논하고 토론한다. 그룹 내에서 궁금한 점이 해소되지 않는다면 나중에 선생님과 다 함께 의견을 나눈다. 이렇게 진행되다 보니 동작에 대해 더 고민할 수 있었고, 동작을 익히는 데 훨씬 도움이 됨을 느꼈다. 그리고 하나의 동작을 여러 사람들이 보기 때문에 팔의 높이와 시선, 다리를 옮길 때의 각도와 움직임, 그리고 몸의 회전 방향 등 아주 세심한 관찰로 다양한 의견과 질문이 나온다는 점도 흥미로웠다. 그렇기 때문에 모든 사람들이 하는 동작은 비슷하면서도 각자의 개성에 따라 표현되기도 하였다. 그래서 김성기 선생님은 때로 '은근슬쩍'이라는 표현과 '할 수 있는 만큼'이라는 말씀을 해주시면서 수강생들이 동작을 수행함에 있어 부담을 느끼지 않고 편하게 동작을 소화할 수 있도록 배려해 주시기도 했다.

특히 82기 화타 오금희의 수련생들은 다양한 배경을 가진 사람들과 초등학생부터 시작하여 20, 30대, 그리고 더 높은 연령층까지 여러 사람들이 모여 있었다. 그래서 수련하는 1년 동안 화기애애한 분위기 속에서 서로에 대해 알아가는 즐거움도 더해졌다. 다들 긍정적이며 밝았고 양생을 위한 모임이라는 점에서 다들 진지한 태도로 임하는 모습이 인상적이었다. 오금희 동작도 익혀 가지만, 여러 배울 점들이 수업 시간에 많아서 나에겐 1년 동안 즐기고 배우고 가는 특별한 경험이 되었다.

화타 오금희(華佗 五禽戲) 수련기

김○○, 2024년(제 82기) 수료

봄바람이 선선하게 부는 작년 4월, 서울 한복판에서 길을 헤매며 화타오금희 한국 본부를 찾아왔던 날이 생생히 떠오른다. 큰 기대감 없이 누군가를 따라왔던 이곳에서 1년 동안 정을 붙일 줄은 생각지도 못했다. 첫째 날 인자해 보이시는 회장님의 목소리를 듣다 보니 어딘가 익숙한 느낌을 받았다. 내가 대학 시절 들었던 유학 수업의 교수님과 비슷했기 때문이다. 그 교수님은 손을 비벼 따뜻해진 온기를 눈에 갖다 댄 후에 수업을 시작하곤 했다. '혹시 그분이 회장님이신가' 하는 의문이 아직도 있지만, 회장님께 여쭤보진 않았다. 그리 훌륭한 학생은 아니었기에.

회장님의 목소리와 함께 대학 시절 장면, 장면이 교차되다가 자연스럽게 예비공을 하는 나를 발견하였다. 오금희에는 어떤 동양 철학이 깃들었을까 하는 생각도 잠시, 쉬운 듯 어려운 듯한 동작을 따라가기 바빴다. 이 많은 동작들을 언제 다 외워서 나의 것으로 만들지 하는 생각에 조금 막막하기도 했다. 빨리 잘 해내려고 하는 나의 습관적 강박 때문이었을 것이다. 1년이 지난 시점에서 보니, 그것이 '불필요한 강박이었구나'라는 생각이 들고, 열심히 연습해오지 않아도 80개가 넘는 동작을 중간에 흐름이 끊기지도 않고 자연스럽게 몸에 익힐 수가 있다는 것에 놀랍다. 곰곰이 생각해보니 편안한 몸과 마음으로 임하고, 자연스럽게 움직임을 익힐 수 있도록 하는 오금희 교수법이 맞아떨어지지 않았나 싶다.

외국 무용을 전공한 나는 과거에 인위적이고, 과장되고, 가동범위를 무시하는 움직임들을 해왔다. 그러나 몸에 관하여 공부를 하다가 보니, 내가 해온 움직임이 결코 아름다운 미적 요소가 아니라는 것을 깨달았다. 자연스러운 움직임, 과장되지 않은 움직임, 몸이 허락한 움직임이 비로소 건강하고 아름다운 춤이라는 것을 '글'로 배우게 되었다. 그러나 나의 이론적 관점에서의 올바른 움직임을 외국 무용으로

설명하기에는 참 어려운 좀들이 많았다. 현대의 클래식 발레에서는 다리를
가동범위 이상으로 들고, 허리를 꺾고, 많이 돌고, 흔히 말하는 굉장한 테크닉을
소화해내야 훌륭한 무용수라는 통념이 자리 잡은 탓이다.

인간의 움직임은 관절과 관절이 움직여서 가동되는 것인데, 관절의 가동범위를
반복적으로 벗어나게 되면 그것이 축적되어 결국엔 부상으로 이어지게 되는
것이다. 보여지는 몸만을 생각하다 보니 과도한 욕심으로 인해 신체적 부상이
발생하고, 이에 따라 정신적 부상도 초래하게 된다. 이러한 이야기를 무용하는
사람들에게 하면, 그들은 한 귀로 듣고 한 귀로 흘리는 일이 다반사이다. 그런데
화타 오금희를 접하면서 이론적 관점에서의 올바른 움직임이 수행적 관점에서
설명이 가능하다는 것을 깨달았다.

예를 들어 오금희 수업에서는 "천천히, 할 수 있는 만큼만, 쉬어가면서…" 등 이런
말들을 반복적으로 들을 수 있는데, 이러한 지시어들이 자연스럽게 움직임을 우리
몸에 스며들게끔 안내해 주었다. 그리고 82기 동기들과 동작의 시작과 끝, 시선,
중심을 찾아가면서 완성해 나가는 그룹 활동이 동작의 정확성을 찾는 데 도움이
되었다. 움직이는 데 어려움을 겪던 분들이 점점 자연스럽게 수행해내는 모습들을
보니 함께 만들어 간다는 뿌듯함도 들었다. 이러한 과정에서 여러 사람의 다양한
생각을 듣게 되고, 스스로 인지하지 못했던 부분들도 알아가는 기쁨을 느꼈다. 특히
동작이 안 된다고 무시하거나 재촉하지 않고 서로를 인정하며 고쳐나갈 수 있는
부분부터 차근차근 짚어가는 것이 굉장한 도움이 되었다. 과거에 내가 무용을 할 때,
친구를 항상 경쟁자로 삼아왔던 환경에서는 느끼지 못했던 새로운 감정들이었다.

자연스러운 움직임을 위해서는 욕심을 버리고, 관찰과 서로를 배려하는 대화를
통해서 알아갈 수 있다는 것을 몸소 느꼈다. 이런 경험을 진즉에 했더라면 내가
발레를 더 잘하지 않았을까? 하는 생각도 든다. 1년 동안 시시한 회장님의 농담,
사람들과 대화를 통한 새로운 발견들이 모두 나의 마음을 따뜻하게 해주었고,
이러한 것들이 오금희를 나의 움직임으로 만든 큰 힘이었다. 앞으로도 나의
인생에서 중요한 자산이 될지도 모른다는 생각이다.

Pedagogy Workshop
(제 72회~93회)

제 72회 SOMATIC BALLET® PEDAGOGY WORKSHOP

taught by kyunghee Kim(Ph.D., CMA, RSDE)

Date: October 19 (Thurs.), 2023, 8:30 AM ~ 10:30 AM

Place: Studio 1(#62201), SungKyunKwan University

Theme: Practice Smarter Not Harder.

Goals: — To increase the Capacity of Mobility in the Joints

      — To prevent Dance Injuries

Contents:

— How to transfer your COG (Center of Gravity)

— Supporting leg vs Moving leg

— Rotations in the Hip Joint (external Rotation to internal Rotation)

— Thoracic Rotations

— How to Cambré forward & backward

— Lateral flexion in the Lumbar spine

— Grand Pliés (Time under Tension)

Guidelines:

— Sensing the muscles you are working on.

— Sensing how you breathe.

제 73회 SOMATIC BALLET® PEDAGOGY WORKSHOP

guided by KyungHee Kim (Ph.D., CMA, RSDE)

Date: October 28 (Sat.), 2023, 3:30 PM ~ 5:00 PM

Place: Golden Square Garden, SungKyunKwan University café

Theme: Somatic Dancing® Café

Goals: − Be Healthy

     − Be Happy

Contents:

    1부: Gathering: Get to know

       Tuning-in

       Slowing down to feel

       Grounding

       Tapping & Rubbing

       Shaking

       Squeezing & Releasing

       Spiraling

       Apple Picking

       Traveling

    2부: Ki Flow Dance

       5 Element Organ Dance

       Yugid Dance®

       Group Pressing

       Cooling Down

Guideline: Enjoy Dancing.

제 74회 SOMATIC BALLET® PEDAGOGY WORKSHOP

taught by Annemari Autere,
the Author of 「The Feeling Balletbody」 (2013, 2022)

Date: November 23 (Thurs.), 2023, 9:00 AM ~ 10:50 AM

Place: Studio 1(#62201), SungKyunKwan University

Theme: The Internal Movement of Miss Envelope (by Autere), called the 'fascia'

Contents:

Functions of 'fascia'

— To link every part of the body to one another

— To protect not only muscles, but organs, brain, & nerves and blood vessels

— To form a significant part of memory (autonomic-movement-patterns) by creating

sheaths called 'myelin' around synapse

(Autere, 2013, p. 54)

(fascia, 검색일 2023년 11월 27일)
https://www.crossfitinvictus.com/blog/brief

Marcels within the envelope are containers of energy ready to explode.

(Autere, 2013, p. 56)

References:

Autere, A. (2013). *The Feeling Balletbody: Building the Dancer's Instrument According to BalletbodyLogic*. Pittsburgh, PA: Dorrance Publishing Co., Inc.

__________. (2022). *The Feeling Balletbody: Building the Dancer's Instrument*. Bristol, UK: Silverwood Books.

Schleip, R. (2019). **근막 피트니스: 스포츠활동과 일상생활에서의 근막훈련방법** (한국근막이완치료학회, 역). 서울: 영문출판사. (2014).

A Brief Introduction to Fascia: Structure, Function & Importance. (n.d.). INVICTUS fitness. Retrieved November 27, 2023, from https://www.crossfitinvictus.com/blog/brief-introduction- fascia-structure-function-importance/

제 75회 SOMATIC BALLET® PEDAGOGY WORKSHOP

taught by KyungHee Kim (Ph.D., CMA, RSDE)

Date: December 5 (Tues.), 2023, 8:00 AM ~ 10:50 AM

Place: Studio 1(#62201), SungKyunKwan University

Theme: How to evaluate (not judge) the students?

Goal: To Appreciate the Dance without being judged

Contents:

- Observation

- Analysis

- Share Experience

- Asking Questions

- Listening to others

- Understanding the Process of Embodiment

제 76회 SOMATIC BALLET® PEDAGOGY WORKSHOP

taught by KyungHee Kim (Ph.D., CMA, RSDE)

Date: January 15 (Mon.), 2024, 8:30 AM ~ 10:50 AM

Place: Studio 1(#62201), SungKyunKwan University

Theme: How to Feel, & What to Feel when you are dancing Ballet?

Goal: To Enjoy Dancing

Contents:

- 4 Ss

  - **S**low

  - **S**mall

  - **S**imple

  - **S**mooth

- Maintaining "**Balance**" by relaxing not by holding

제 77회 SOMATIC BALLET® PEDAGOGY WORKSHOP

taught by KyungHee Kim (Ph.D., CMA, RSDE)

Date: February 16 (Fri.), 2024, 8:30 AM ~ 10:50 AM

Place: Studio 1(#62201), SungKyunKwan University

Theme: More challenges in the Somatic Ballet Class and even in the particular genre
of dance

Goal: How to implement PBL (**P**roblem-**B**ased-**L**earning) in the Dance Class

Objectives:

- To create the dynamic learning environment in the Dance Class

- To enhance the motivation in Dance education

- To develop the observation skills

- To enhance group collaboration and communication

- To facilitate students to propose the problems and to find the pathways to solve
the problems

Guidelines:

1. The teacher needs to pre-set the learning environment for maximum effective
classroom management.

2. The teacher needs to be alert and to exhibit a sense of happiness.

3. Comments need to be positive.

4. The students need to be instructed what they are expected to do and to learn,
and how they are expected to behave.

5. The teacher needs to avoid long-winded explanations or demonstrations for
increasing active dancing time.

6. The teacher needs to change the front line of the class frequently to eliminate the "Back-row hiders".

7. The teacher needs to create emotionally safe learning environment.

8. The teacher tries not to stop the class every moment to give a tidbit of instruction, which will interrupt the pace of the class. Instead, the teacher gives corrections while students are on the move.

9. The teacher needs to provide students with the correct timing (rhythm) and tempo.

10. The teacher needs to allow students to practice their skills (learned material) "non-competitively" in a performance-like environment.

11. It is expected that after the class the students leave the studio with feelings of happiness and positiveness.

12. Expect (Prepare) the unexpected problems such as student's illness or injuries and so on.

References:

Alderman, B.L., Beighle, A., & Pangrazi, R.P. (2006). Enhancing motivation in physical education. *Journal of Physical Education, Recreation & Dance, 77*(2), 41–51.

Clark, D. (2003). Developing observation strategies to enhance teaching effectiveness in the dance class. *Journal of Physical Education, Recreation & Dance, 74*(9), 33–47.

__________. (2007). Classroom management challenges in the dance class. *Journal of Physical Education, Recreation & Dance, 78*(2), 19–24.

제 78회 SOMATIC BALLET® PEDAGOGY WORKSHOP

taught by KyungHee Kim (Ph.D., CMA, RSDE)

Date: May 15 (Wed.), 2024, 9:00 AM ~ 10:50 AM

Place: Studio 1(#62201), SungKyunKwan University

Theme: Pedagogy Workshop for celebration of Teacher Appreciation Day

Goal: Be Happy, Be Somatic!

Contents:

- Controlled Articular Rotations (CARs)

    for　• Hip

    　　　• Thoracic

- Weight Shift

- Time under Tension (Slow Grand Plié)

- How to Arabesque Penché

- How to rise-up (relevé-up)

- Observation & Analysis

제 79회 SOMATIC BALLET® PEDAGOGY WORKSHOP

taught by KyungHee Kim (Ph.D., CMA, RSDE)

Date: May 25 (Sat.), 2024, 10:00 AM ~ 11:00 AM

Place: 명옥헌, 담양, 전라남도

Theme: The Slower, The Better, '더 느림'의 미학

Goal: Be Somatic! (Eastern & Western)

Contents:

Hwata's 'Five-animal Play(五禽戲)'

; 화타의 '오금희'란 고대 중국의 신의(神醫)로 불렸던 '화타'가 다섯 가지 종류의
짐승들(새 포함)의 움직임 특징과 생활습성 등을 탐구하여 인체의 오장육부
기능을 강화시키기 위하여 고안해낸 수련법이다.

5 Elements	Related Animal	Organ	
		Yin	Yang
木(Wood)	Bear	Liver	Gall Bladder
火(Fire)	Bird	Heart	Small Intestine
土(Earth)	Monkey	Spleen	Stomach
金(Metal)	Tiger	Lung	Large Intestine
水(Water)	Deer	Kidney	Urinary Bladder

육자결(六字訣): Breathing Method using 6 characteristics

; 고대 중국에서 아주 오래전부터 전해 내려온 호흡법으로, 코로 숨(氣)을
자연스럽게 들이마시고, 입으로 여섯 가지의 다른 소리를 내며 해당 장부의
묵은 기운을 내보낸다는 생각으로 숨을 내쉬는 호흡법이다.

Using 6 characteristics

- 휴간기(噓肝氣) ; "휴~" 하고 간의 기운을 돋운다.

  (Sound "hyu" to invigorate 'Liver' function.)

- 훠심기(呵心氣) ; "훠~"하고 심장의 기운을 돋운다.

  (Sound "whooə~" to invigorate 'Heart' function.)

- 후비기(呼脾氣) ; "후~"하고 비장의 기운을 돋운다.

  (Sound "whooo~" to invigorate 'Spleen' function.)

- 스폐기(呬肺氣) ; "스~"하고 폐의 기운을 돋운다.

  (Sound "θ~" to invigorate 'Lung' function.)

- 취신기(吹腎氣) ; "취~"하고 신장의 기운을 돋운다.

  (Sound "tʃiii~" to invigorate 'Kidney' function.)

- 히삼초(嘻三焦) ; "히~"하고 삼초의 기운을 돋운다.

  (Sound "hiii~" to invigorate 'Triple Energizer' function.)

제 80회 SOMATIC BALLET® PEDAGOGY WORKSHOP

taught by KyungHee Kim (Ph.D., CMA, RSDE)

Date: June 5 (Wed.), 2024, 7:00 AM ~ 9:30 AM

Place: Studio 1(#62201), SungKyunKwan University

Theme: Reasons Not to "fish-tail"

Goal: To Prevent ankle injuries

Contents:

- Clear Understanding of dorsi-flexion and plantar-flexion

- Passive Range of Motion(ROM) of ankle dorsi-flexion and plantar-flexion

  • Dorsi-flexion : Approximately 20°

  • Plantar-flexion : Approximately 50°

'fish-tail'을 해서는 안 되는 이유

'fish-tail' (안 됩니다!)
(「보여주는 몸, 느끼는 몸」, p. 41)

발레 무용수들이 발끝을 'point'하였을 때에(사실은 "발목을 쭉~ 폈을 때에"라고 표현하셔야 합니다.), 정상적이라면, 거골(talus)은 "약간" 외측으로 움직이게 된다.

그런데, 이때 억지로 발목을 바깥쪽으로 돌려 'fish-tail'을 만들며 "가짜 포인트"를 반복적으로 하게 되면, 거골의 뒤쪽 부분과 경골(tibia)과 비골(fibular)이 만나는 사이의 간격이 좁아지게 되며, dorsi-flexion을 하였을 때 발목 관절이 잘 맞지 않기 때문에 운동 가동 범위가 제한된다.

발목에서의 dorsi-flexion 가동 범위가 제한되면 발생할 수 있는 문제는 너무나 심각하다. 우선, plié가 잘되지 않는다. 그렇게 되면, "걷고", "뛰고"가 잘될 수 있을까??? 이렇게 잘 맞지 않는 족관절로 "뛰고, 돌고 등등…" 무리한 연습을 반복하게 되면 발목이 자주 삐게 되어(염좌), 발목 바깥 주변에 종창(swelling)이 생기게 되어 더욱더 발목 관절을 압박하게 된다. 이러한 발목으로 발레 무용수들은 참고, 또 참으며 무리하게 'fish-tail'을 만들며 '예쁘게 보이는' 발목을 과시하며 arabesque를 한다.

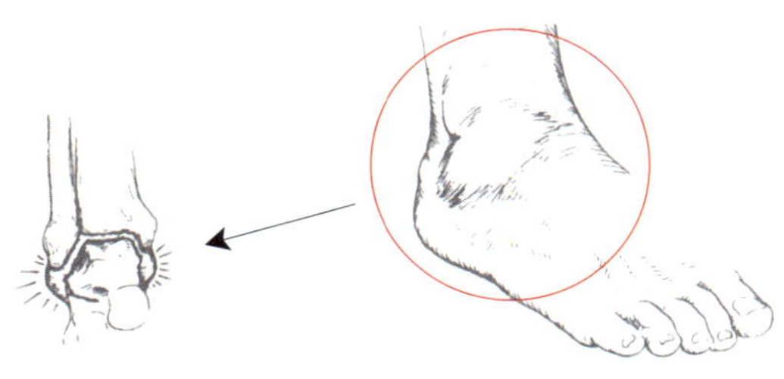

선택은 자유다…. 언제까지 "가짜 포인트"를 고집하며 'fish-tail'을 보여줄 것인가!

Reference:

Hoppenfeld, S. (2020). **척추와 사지의 검진**(영문사 편집부, 역). 서울: 영문출판사. (2009), pp. 225-227.

제 81회 SOMATIC BALLET® PEDAGOGY WORKSHOP

taught by Annemari Autere*

Date: June 12 (Wed.), 2024, 9:30 AM ~ 10:50 AM

Place: Studio 1(#62201), SungKyunKwan University

Theme: Red Muscle vs White Muscle

Goals: • To Strengthen the red muscle & the white muscle

• To Sense the 'Balance Reflex'

Purposes: • To be aware of push-off gravity.

• To be aware of the elasticity of the spine.

• To experience Walk with the spine & Jump with the spine.

• To perceive the internal movement of inner muscles of the spine.

Contents:

Play with the toys

(「The Feeling Balletbody」. p. 193)

− Pelvic Floor Sitting on the Softball.

− Breathing Spine, the Accordion.

Notes: • Find the 3rd of Lumbar Vertebra (L3).

    • Relax outside muscles.

    • Visualize smiling intervertebral disks.

    • Visualize your head filled with helium and let it float.

*Annemari Autere, the author of 「The Feeling Balletbody」.

Annemari Autere is a member of several professional groups, which include the International Association of Dance Medicine and Science, Nordic Forum for Dance Research, World Dance Alliance, Conseil International de Danse, and the International Somatic Movement Education & Therapy Association.

A former dancer at the Norwegian National Ballet and the Royal Swedish Ballet, Annemari Autere developed her method of BalletBodyLogic during her 15 years as an associate professor at the Arts Department of the University in Nice.

Reference:

Autere. A. (2013). *The Feeling Balletbody: Building the Dancer's Instrument According to BalletbodyLogic*. Pittsburgh. PA: Dorrance Publishing Co., Inc.

제 82회 SOMATIC BALLET® PEDAGOGY WORKSHOP

taught by KyungHee Kim(Ph.D., CMA, RSDE)

Date: July 8 (Mon.), 2024, 9:00 AM ~ 10:50 AM

Place: Studio 1(#62201), SungKyunKwan University

Theme: How to Breathe?

Goal: To build Better Core

Contents:

- Natural Breathing

- Breathing with Core Support

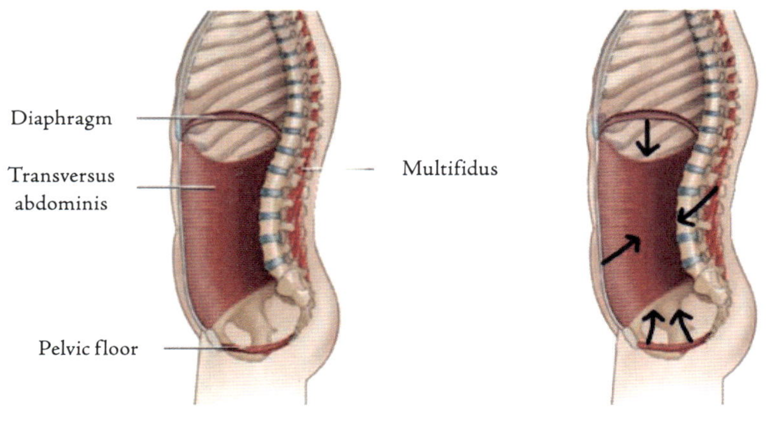

[코어(Core) Muscles]　　　　[코어(core)의 지지를 받는 들숨(inhalation):
숨을 들이 마실 때(옆모습)]

Reference:

김경희. (2022). **생각하는 몸, 발레하는 몸**. 서울: 성균관대학교 출판부. p. 51.

제 83회 SOMATIC BALLET® PEDAGOGY WORKSHOP

taught by KyungHee Kim(Ph.D., CMA, RSDE)

Date: July 9 (Tues.), 2024, 9:00 AM ~ 10:50 AM

Place: Studio 1(#62201), SungKyunKwan University

Theme: CARs on the "Hip Joints" & "Shoulder Joints"

Goal: To enhance the Mobility of the Hip Joints and the Shoulder Joints

Contents:

- Understanding of the Hip Joint Muscles

- Embodying the Rotation of the Hip Joint

- Understanding of the Shoulder Joint Muscles

- Embodying the Internal & External Rotation of the Shoulder Joint

References:

김경희. (2023). 보여주는 몸, 느끼는 몸. 서울: 성균관대학교 출판부. p. 65–78,
107–125.

Cleveland Clinic. (2022). How Your Shoulder Joint Works. Retrieved July 9, 2024
from https://my.clevelandclinic.org/health/body/24780-shoulder-joint.

Cleveland Clinic. (2022). Hip Joint: Anatomy & How It Works. Retrieved July 9,
2024 from https://my.clevelandclinic.org/health/body/24675-hip-joint.

- [Hip Joint] Action: Bones

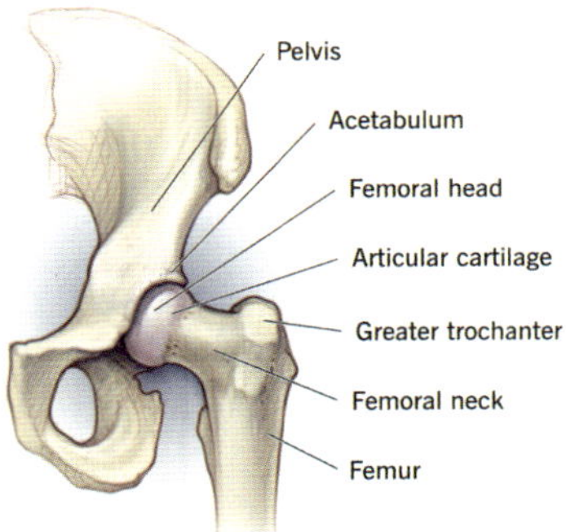

Hip Joint

1. 굴곡(flexion): 장요근(iliopsoas), 대퇴직근(rectus femoris)

2. 신전(extension): 대둔근(gluteus maximus), 대퇴후근(hamstring)

3. 외회전(external rotation)과 내회전(internal rotation): 6개의 고관절 회전근들

(6 hip rotators)

4. 외전(abduction)과 내전(adduction)

   • 외전(abduction): 중둔근(gluteus medius), 소둔근(gluteus minimus)

   • 내전(adduction): 장내전근(adductors longus),

     단내전근(adductors brevis),

     대내전근(adductors magnus),

     치골근(pectineus), 박근(gracilis)

- [Shoulder Joint] Action: Bones

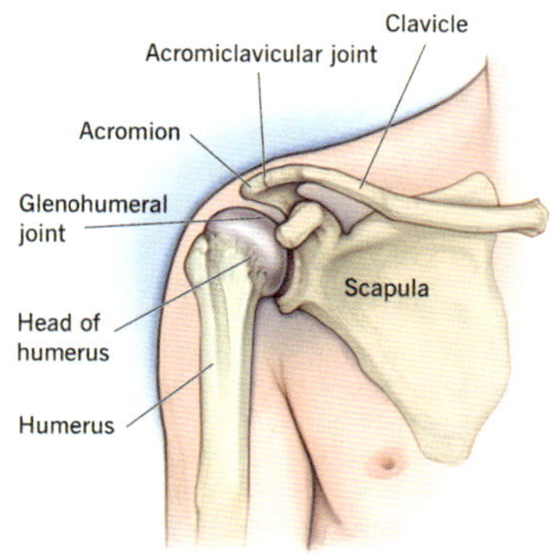

Shoulder Joint

1. 외전(abduction): 삼각근(deltoid), 전거근(serratus anterior), 극상근(supraspinatus)

2. 내전(adduction): 대흉근(pectoralis major), 광배근(latissimus dorsi),
   극상근(supraspinatus)

3. 굴곡(flexion): 삼각근(deltoid)의 전면부, 오구완근(coraco-brachialis)

4. 신전(extension): 광배근(latissimus dorsi), 후면 삼각근(posterior deltoid),
   대원근(teres major), 소원근(teres minor)

5. 외회전(external rotation)과 내회전(internal rotation)

   • 외회전(external rotation): 극하근(infraspinatus), 소원근(teres minor),
     후면 삼각근(posterior deltoid)

   • 내회전(internal rotation): 견갑하근(sub-scapular), 대흉근(pectoralis major),
     광배근(latissimus dorsi), 대원근(teres major)

6. 수평 내전(horizontal adduction)과 수평 외전(horizontal abduction)

   • 수평 내전(horizontal adduction): 외전과 내전 운동을 하는 근육들

   • 수평 외전(horizontal abduction): 굴곡과 외전 운동을 하는 근육들

7. 휘돌리기. 혹은 원회전(circumduction)

제 84회 SOMATIC BALLET® PEDAGOGY WORKSHOP

taught by KyungHee Kim(Ph.D., CMA, RSDE)

Date: July 10 (Wed.), 2024, 9:00 AM ~ 10:50 AM

Place: Studio 1(#62201), SungKyunKwan University

Theme: Core Muscles

Goal: To enhance "Stability"

Contents:

- Shoulder Joint Movement:

  A: 견 관절(gleno-humeral joint)에서의 운동

  1. 외전(abduction)

  2. 내전(adduction)

  3. 굴곡(flexion)

  4. 신전(extension)

  5. 외회전(external rotation)과 내회전(internal rotation)

  6. 수평 내전(horizontal adduction)과 수평 외전(horizontal abduction)

  7. 휘돌리기, 혹은 원회전(circumduction)

  B: 흉견갑 관절(scapulo-thoracic joint)에서의 운동

  1. 거상(elevation)과 하강(depression)

  2. 전인(protraction)과 후인(retraction)

  3. 상방 회전(upward rotation)과 하방 회전(downward rotation)

— Bracing the Core

— Core Muscles:

Diaphragm, Transversus abdominis, Multifidus, Pelvic floor muscles

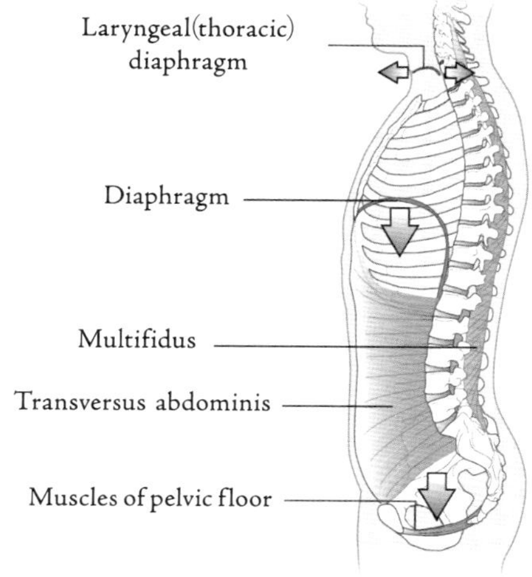

Belly Breathing, illustrated here, is your typical everyday breath. It is used for lowering stress, anxiety, assisting with sleep or general quiet calm focus or relaxation.

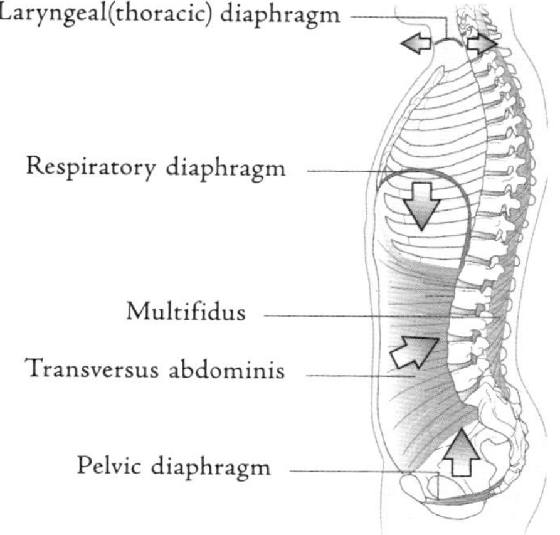

Umbrella Breath, by contrast, is used for tasks which require more strength, endurance, lifting capacity, and/or demand on the pelvic floor, voice, and back.

— Standing on one leg, CARs of the Hip Joint

- Flexion

- Extension

- Rotations (external & internal)

Reference:

https://garnerpelvichealth.com/

제 85회 SOMATIC BALLET® PEDAGOGY WORKSHOP

taught by KyungHee Kim(Ph.D., CMA, RSDE)

Date: July 11 (Thurs.), 2024, 9:00 AM ~ 10:50 AM

Place: Studio 1(#62201), SungKyunKwan University

Theme: Stability & Mobility

Goal: To strengthen Hamstring and Soleus

Contents:

– Strengthening hamstring muscles:

[Single leg Bridge]

— Strengthening soleus muscle :

[Calf raises]

[Squats with Calf raises]

Reference:

김경희. (2023). **보여주는 몸, 느끼는 몸**. 서울: 성균관대학교 출판부. p. 53.

제 86회 SOMATIC BALLET® PEDAGOGY WORKSHOP

taught by KyungHee Kim(Ph.D., CMA, RSDE)

Date: July 15 (Mon.), 2024, 9:00 AM ~ 10:50 AM

Place: Studio 1(#62201), SungKyunKwan University

Theme: FRC(**F**unctional **R**ange **C**onditioning)

Goal: To strengthen the musculoskeletal system around the hip joint

Content:

— Improve Hip Mobility & Stability

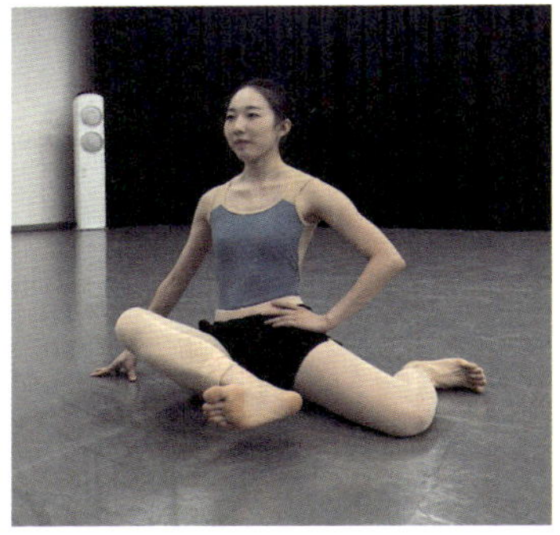

PAILs & RAILs
(Progressive Angular Isometric Loadings & Regressive Angular Isometric Loadings)

Reference:

https://functionalanatomyseminars.com/

제 87회 SOMATIC BALLET® PEDAGOGY WORKSHOP

taught by KyungHee Kim(Ph.D., CMA, RSDE)

Date: July 16 (Tues.), 2024, 9:00 AM ~ 10:50 AM

Place: Studio 1(#62201), SungKyunKwan University

Theme: Thoracic Flexion & Extension

Goal: To strengthen the Core muscles

Contents:

— Strengthening the upper abdominal muscle

(to feel concentric contraction & eccentric contraction)

Concentric contraction

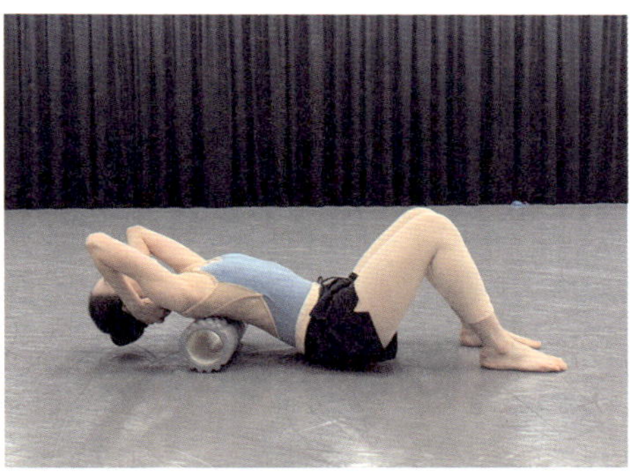

Eccentric contraction

— To increase the thoracic mobility

Thoracic flexion

Thoracic extension

제 88회 SOMATIC BALLET® PEDAGOGY WORKSHOP

taught by KyungHee Kim(Ph.D., CMA, RSDE)

Date: July 17 (Wed.), 2024, 9:00 AM ~ 10:50 AM

Place: Studio 1(#62201), SungKyunKwan University

Theme: Bracing the torso

Goal: To increase Stability

Contents:

　− Strengthening abdominal muscle

[Dead Bug exercise]

— Somatic Stretching

이렇게 하시면 절대 아니되옵니다!
따라하지 마십시오.

주의사항:

과도한 정적 스트레칭(Static Stretching)은 오히려 근육과 인대를 약하게 합니다.

Reference:

김경희. (2023). **보여주는 몸, 느끼는 몸.** 서울: 성균관대학교 출판부. p. 15.

제 89회 SOMATIC BALLET® PEDAGOGY WORKSHOP

taught by KyungHee Kim(Ph.D., CMA, RSDE)

Date: July 17 (Thurs.), 2024, 9:00 AM ~ 10:50 AM

Place: Studio 1(#62201), SungKyunKwan University

Theme: à la seconde

Goal: To strengthen the Shoulder joint muscles

Contents:

Widen the back muscles.

Make the space between the
Glenoid fossa & Humeral Head.

Guideline: To feel the eccentric contraction of the pectoralis minor & major muscles.

제 90회 SOMATIC BALLET® PEDAGOGY WORKSHOP

taught by KyungHee Kim (Ph.D., CMA, RSDE)

Date: August 26 (Mon.), 2024, 9:00 AM ~ 10:50 AM

Place: Studio 1(#62201), SungKyunKwan University

Theme: CARs (Thoracic & Hip Joints)

Goal: To increase Mobility of Thoracic & Hip Joints

Contents:

[Thoracic Extension]

[Lateral Flexion]

‒ Sacroiliac joint (SI Joint)[1]

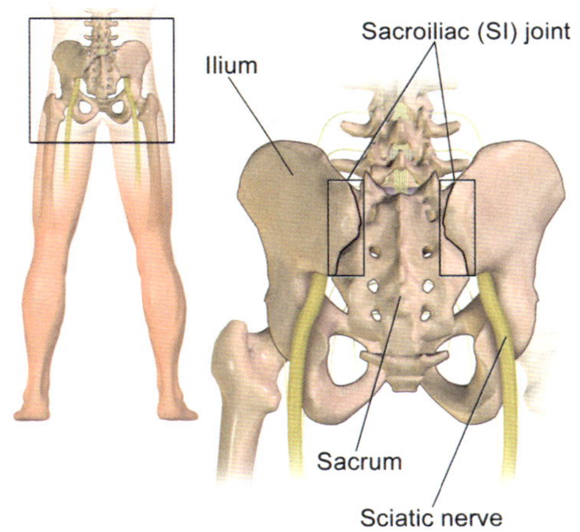

• • •

1. https://en.wikipedia.org/wiki/Sacroiliac_joint

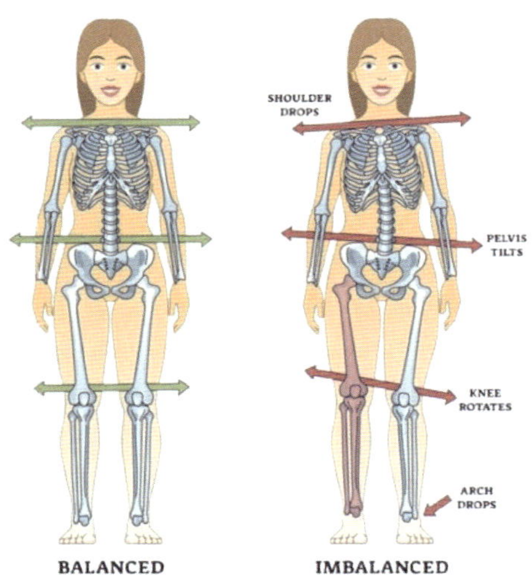

Pelvic Lateral Tilt[2]

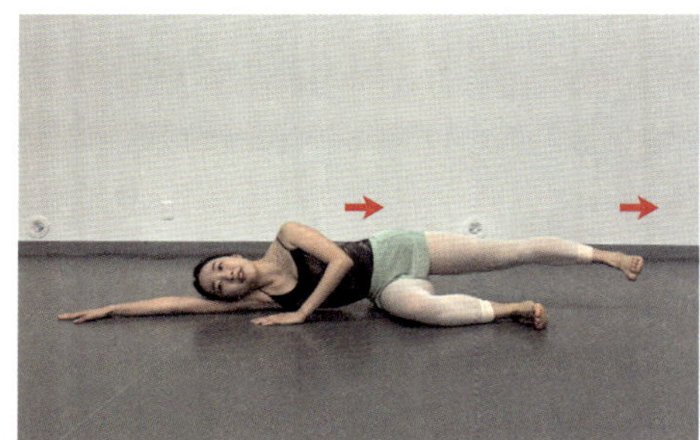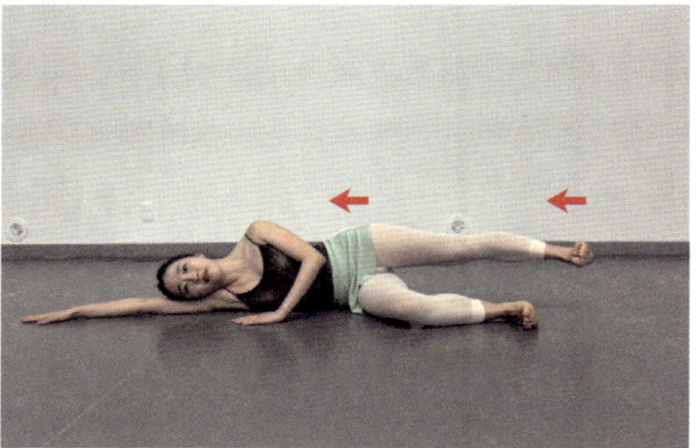

[Pelvic Lateral Tilt Exercise]

● ● ●

2. https://livewellchiropractic.com.sg/uneven-hips/

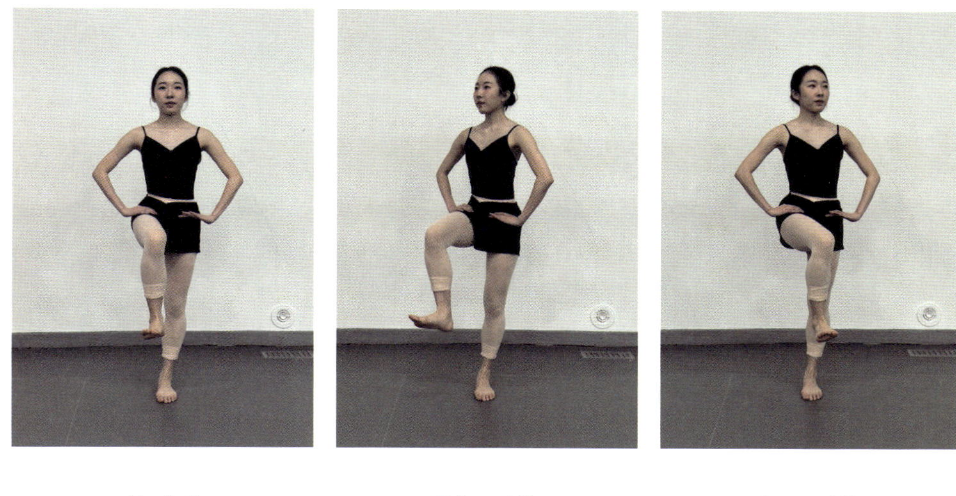

Neutral   External R.   Internal R.

[Hip Joint External Rotation & Internal Rotation]

Guideline: Push the tripod of the sole of the foot while CARs in the Hip Joint.

제 91회 SOMATIC BALLET® PEDAGOGY WORKSHOP

taught by KyungHee Kim (Ph.D., CMA, RSDE)

Date: August 27 (Tues.), 2024, 9:00 AM ~ 10:50 AM

Place: Studio 1(#62201), SungKyunKwan University

Theme: Motor Control (Ⅰ)

Goal: To feel the initiation of Psoas muscles

Contents:

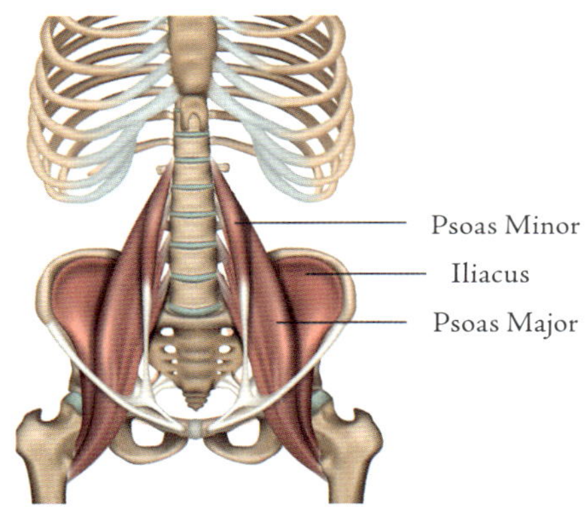

The Psoas Muscles[1]

●●●

1. https://www.yoganatomy.com/psoas−muscle−ultimate−guide/

[Leg raises in sitting position]

— Strengthen the core muscles

[Reverse crunch with lower abdominal muscles]

Guideline: Heels push to the ceiling.

— **"Time Under Tension"** Grand Plié in 2nd position

[Isometric contraction of the adductor muscles]

제 92회 SOMATIC BALLET® PEDAGOGY WORKSHOP

taught by KyungHee Kim (Ph.D., CMA, RSDE)

Date: August 28 (Wed.), 2024, 9:00 AM ~ 10:50 AM

Place: Studio 1(#62201), SungKyunKwan University

Theme: Motor Control (Ⅱ)

Goal: Flexibility vs Mobility

Contents:

  − Improving thoracic mobility

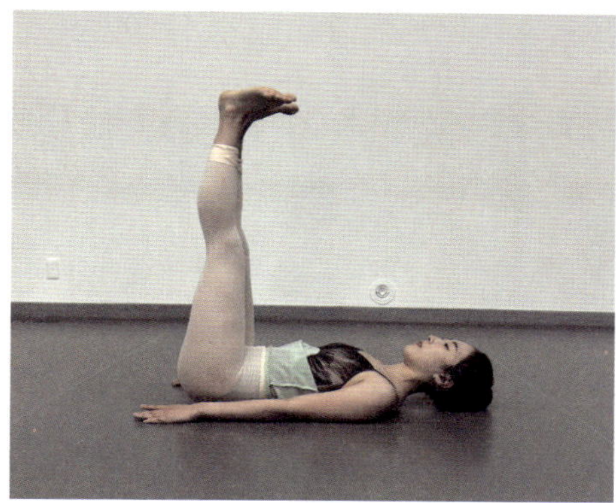

[Roll Over]

— Strengthening the hamstring muscles

[Single Leg Bridge]

— To make more space in the glenohumeral (GH) joint

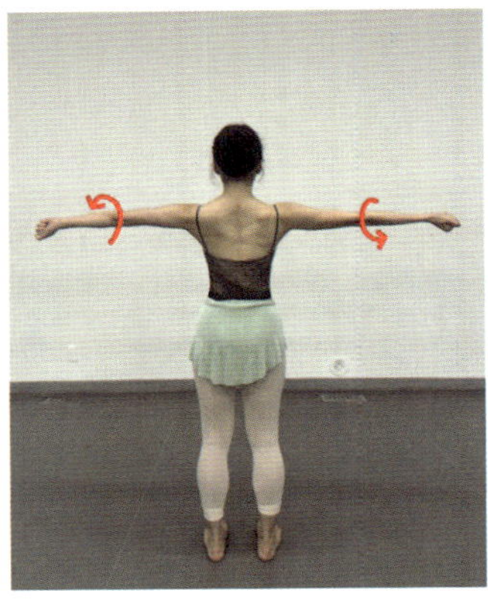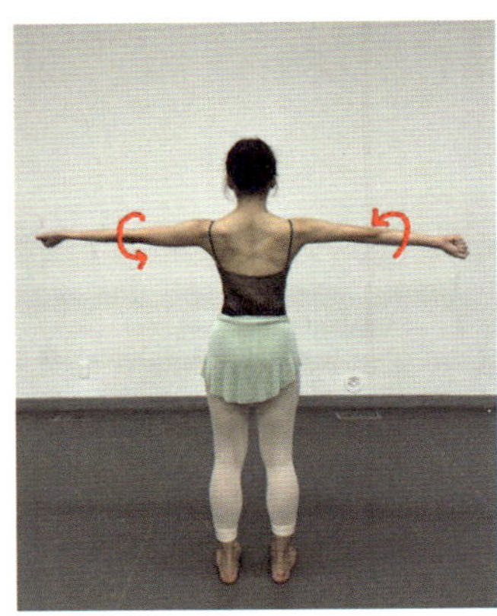

[Humerus External Rotation & Internal Rotation]

R: External R.　　　　　　　　R: Internal R.
L: Internal R.　　　　　　　　L: External R.

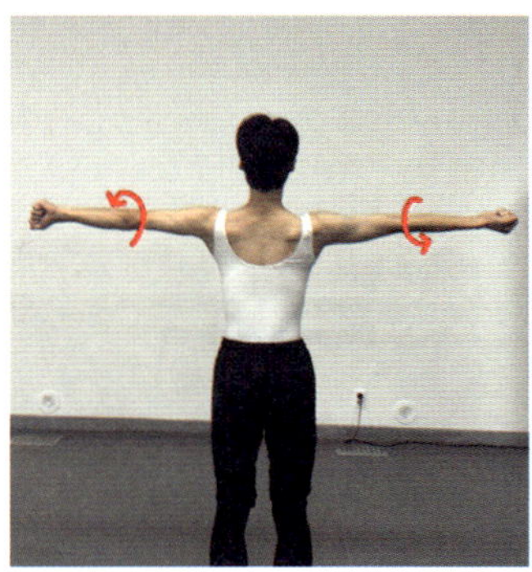 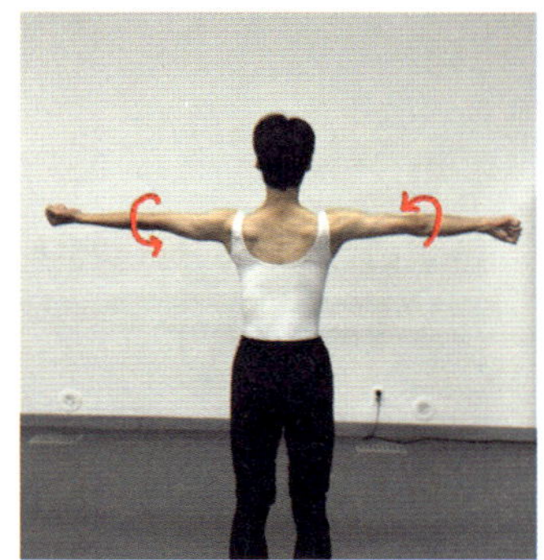

[Humerus External Rotation & Internal Rotation]

R: External R.
L: Internal R.

R: Internal R.
L: External R.

Guideline: Push the fist away from the glenoid fossa.

제 93회 SOMATIC BALLET® PEDAGOGY WORKSHOP

taught by KyungHee Kim (Ph.D., CMA, RSDE)

Date: August 29 (Thurs.), 2024, 9:00 AM ~ 10:50 AM

Place: Studio 1(#62201), SungKyunKwan University

Theme: CARs (Ankle & Knee, & more)

Goal: To increase the mobility in the joints.

Contents:

[Ankle Rotation]

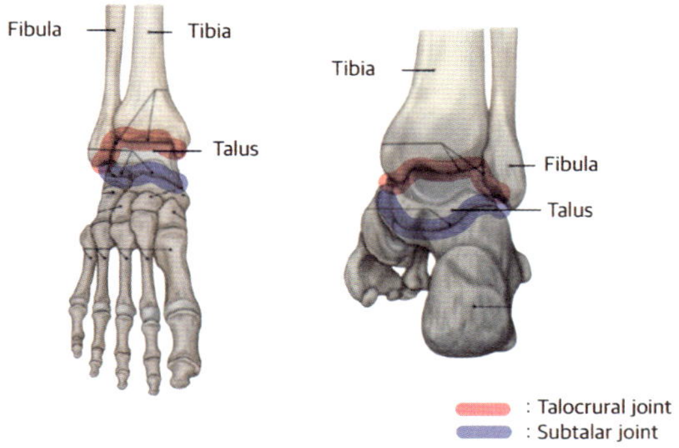

Ankle Joints (Talocrural Joint & Subtalar Joint)

— Knee Joint Rotation

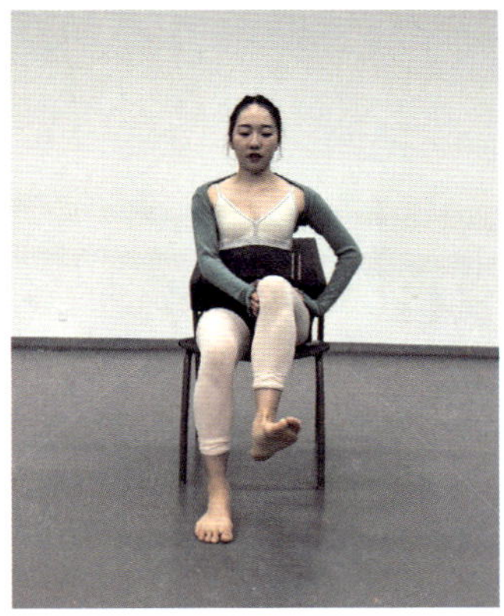

Tibia External Rotation
with biceps femoris

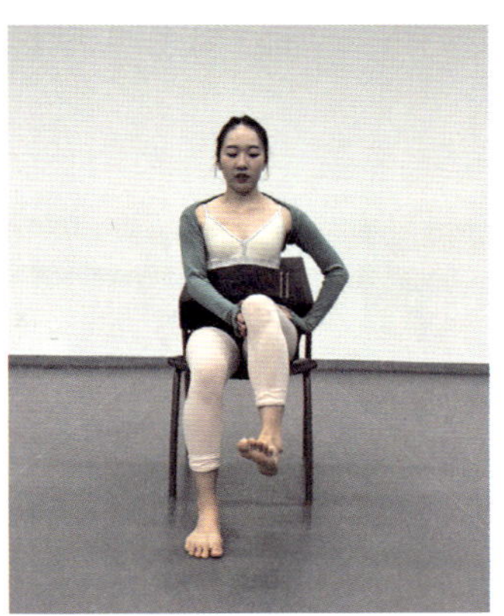

Tibia Internal Rotation
with adductor muscles

– Humerus Rotation

Internal R.NeutralExternal R.

Reference:

김경희. (2023). 보여주는 몸, 느끼는 몸. 서울: 성균관대학교 출판부. p. 26.

• 서평 •

- 「마음으로 하는 발레 공부」

  제환정 대한무용학회논문집, 79(4), 273-276.

  김재리 춤과사람들, 2021년 11월, 77-79.

- 「생각하는 몸, 발레하는 몸」

  이지선 대한무용학회논문집, 81(2), 499-502.

- 「보여주는 몸, 느끼는 몸」

  이지선 춤과사람들, 2024년 4월, 60-61.

마음으로 하는 발레 공부

제환정(대한무용학회 편집위원장)

통증을 망각하라고 강요당하는 Ballet class!

경쟁심을 불러일으키고 1등과 2등, 승자와 패자를 결정하라고 강요당하는

Ballet class!

나는 이러한 '비극'이 더 이상 되풀이되지 않기를 간절히 바라는 마음으로,

절박한 성찰의 의식으로 이 글을 써 내려갔다. 이렇게 해서라도 예전에 잘못

가르쳤던 옛 제자들에 대한 미안한 마음을 조금이나마 덜어낼 수 있다는

생각으로 최선을 다하였다.

– 머리말 p.5

무용수의 몸은 소진한다. 수평과 수직의 원리를 따르는 발레의 아름다움
이면에는, 종교적 헌신에 비길 만큼의 반복적이고 집요한 훈련이 존재한다. 저자는
성균관대학교 무용학과 교수로 오랜 시간 발레전공 학생들을 지도해왔다. 2012년
스스로 몸의 이상을 감지한 이후 무용수의 몸에 대해 관심을 가지게 되었고
소매틱의 세계로 입문하였다. 여러 소매틱 프로그램들을 체험하면서 공통된
움직임 원리를 정리하여 "B–R–A–C–E–D" 원리를 만들었다. 건강한 움직임이
건강한 삶으로 연결된다는 믿음으로 그동안 공부하고 체화한 결과를 모은 책이
〈마음으로 하는 발레 공부(2021)〉이다.

"테크닉에 헌신하는 몸"으로서의 무용수에 대한 성찰과 비판적 토론은
오래되었지만, 그것이 실질적인 엘리트 무용교육에 적용되기란 쉽지 않다.
그러나 무용수들의 건강과 행복을 담보로한 신체의 소진은 한 인간으로서의
존엄성을 흐리게 만든다. 무리한 스트레칭으로 유연해진 몸과 바르지 않은 자세로

춤을 추는 무용수들은 끊임없이 부상과 통증에 시달린다. 매번의 무대와 클래스가 오디션인 무용수들에게는 몸의 혹사나 부상은 성실함의 반증으로 여겨져 왔다. 아프지 않으면, 스스로의 성실함을 의심한다. 이 책은 저자가 '소매틱'의 세계로 들어간 이후 '이러한 비극이 더 이상 되풀이되지 않기를 간절히 바라는 마음으로(머리말 p.5)' 써 내려간 책이다. 과도하게 몸을 혹사시키며 그로 인한 통증을 '망각'하라고 가르치지 않도록 말이다.

저자는 몸을 학대하며 춤을 추는 발레를 반대한다. 호흡을 잘하여(Breathe), 긴장을 풀고(Relax), 몸의 정렬을 맞추어(Align), 잘 연결시키고(Connect), 잘 될 것이라고 믿으며(Expect), 춤을 추기(Dance)를 원한다. 즉 올바른 신체의 정렬과 건강한 희망을 품은, 몸을 살리는 춤을 추기를 갈망한다. 현란한 기교로 관객을 감동시키고자 애썼던 발레 학습에서 탈피해, 자신의 몸과 마음을 사랑하고 더 나아가 관객과의 교감을 통해 감정으로 관객과의 일체감을 형성해 나갈 수 있는 "건강하고 행복한 무용수"를 만들고자 하는 저자의 진심이 담겨있다.

이 책은 다른 많은 발레 서적처럼 서양 학문의 관점에서 바라본 춤의 이론만 늘어놓지 않는다. 오히려 저자는 '동양의 몸과 서양의 몸은 다르지 않다'라고 말하며 중국의 고전 서적을 인용하며 동양적 관점을 현대의 지식과 결합시켜 설명한다. 제자에게 이야기를 들려주듯, 저자가 주장하는 "B-R-A-C-E-D" 원리를 사진과 그림을 곁들여 차근차근 설명해 나간다.

저자는 춤을 설명하면서 인간이 생명을 이어나가기 위한 가장 기본이자 필수 요건인 호흡을 분석하는 것부터 시작해서, 명상과 마음챙김에 대한 내용으로 무용수의 마음까지 어루만진다. 춤의 어원을 분석하여 춤이란 무엇인가를 탐구하며 춤을 추는 데 필요한 뼈와 근육에 대한 해부학적 지식과 더불어 동양의 의학과 철학까지 포괄한다. 논리를 따라가다 보면 동서양의 의학과 철학은 춤을 잘 추기 위해 오랜 시간 연구된 학문인가라는 생각이 들 정도이다. 저자가 스스로 체득하고 깨달은 내용들을 방대한 이론적 지식으로 구조화한 뒤, 현장의 경험과 사유 안에서 충분히 발효시켜 독자가 이해하기 쉬운 언어로 부드럽게 갈아서 내어놓는다. 인용하고 참조한 자료들은 상세하게 정리되어 다음 학자를 돕는다. 각 챕터를 나누어 살펴보면 다음과 같다.

1. Breathe

춤은, 숨에서 시작한다. 저자는 책의 첫 장에 생명을 보전하고 유지하는 기본을 이루는 호흡을 배치해 호흡에 필요한 근육들을 해부학적으로 분석하고 숨을 충분히 내쉬는 것을 강조한다. 다양한 사진과 설명을 곁들여 발레 수업에서 강조되는 풀업(pull-up)은 상체를 올리라는 것이 아니라, 숨을 충분히 내쉬면서 횡격막을 이완시키는 것임을 설명한다. 이를 단전호흡과 비교하여 결국 동서양의 학문은 통한다는 주장을 펼치기 시작하는데, 이 논조는 책의 끝까지 유지된다.

2. Relax

춤추기는 힘주기와 힘빼기, 그 완급의 조절이 중요하다. 상급반의 교사들은 몸에 힘을 빼라고 가르친다. 그러나 어떻게 가능할까. 오랜 기간 힘주는 것만 배워왔던 발레 무용수들에겐 힘을 빼고 춤을 추는 것이 쉬운 일은 아니다. 저자는 명상을 통한 마음챙김을 제시한다. 움직임을 잘하려면 반드시 몸을 이완시켜야 하며 이는 명상과 마음 챙김으로 실현할 수 있다는 것을 다양한 예시를 통해 설명한다.

우리 몸에는 균형을 잡으려고 하는 반사작용이 있으며 이러한 자연적인 평형 반응 감각을 느끼기 위해 몸의 긴장을 풀면 "균형이 저절로 잡힌다"고 주장한다. 몸의 긴장을 풀고 호흡으로 마음의 안정을 찾으며 자신을 믿는 것에서 출발한다. 억지로 무엇을 하려고 하지 말라며 다른 발레 교수법과는 다른 지침을 제시한다.

3. Align

춤을 추기 위해서는 기본적으로 바른 자세가 요구된다. 이를 위해서는 몸통을 이루는 척추뼈와 갈비뼈, 골반뼈에 가장 가까이 붙어 있는 속근육(고관절 회전근,

대요근, 횡돌기극근, 전거근, 그리고 횡격막)이 동원되는데, 이를 내장기관과 연결하여 동양 의학의 오운(五運)으로 설명한다. 이러한 연관성을 "인간의 장기 속에 그 사람의 인격과 감정이 들어 있다"(p.58)는 고대 히브리 사람들의 사고와 연결시킨다.

오랜 기간 발레를 수련하면 자세가 바르게 되기도 하지만, 고질적인 부상과 통증을 달고 사는 경우도 많다. 저자는 골반을 밀어 넣고 배를 집어 넣도록 요구되는 기본자세가 척추의 기형을 야기할 수 있는 가능성을 제시하며, 그동안의 잘못된 교육에 일침을 놓는다. 인체에 관한 올바른 이해를 요구하며 인간의 발달과정에서 자연스럽게 형성되는 네 종류의 2차 만곡에 대해 설명하며, 교육자들에겐 몸을 혹사하는 교육을 멈추기를, 무용수들에겐 자신의 몸을 학대하는 동작을 멈추기를 호소한다.

4. Connect

춤을 추는 데 있어 우리 몸의 뼈와 근육만 움직인다면 기계와 다름없을 것이다. 춤이 일상의 몸짓과 다른 의미를 갖는 까닭은 우리의 내적 감정을 탄영하기 때문이다. 그런데 대다수의 무용인들은 자신의 몸 안에 무슨 일이 일어나고 있는지를 인지하지 못하며, 자신의 내적 감정에 대해 무관심하거나 무시를 하는 경향이 있다. 저자는 "끊임없이 자신의 내면과 대화하며, 조화로운 관계를 유지시켜, 내적인 면과 외적인 면의 연결시키는 것"(p.77)의 중요성을 강조한다. 서양의 Inner-Outer 개념과 동양 철학의 음양 개념을 동원하여, 외면과 내면의 연결성을 반박하지 못하게 한다. 이를 통해 우리의 외면과 내면이 "가장 적절하게 조화가 이루어져야만 비로소 인간이 건강하게 존재할 수 있게 되며, 따라서 건강한 춤이 가능"하다고 주장한다.

인간의 발달과정에서 자연 발생적으로 움직임의 기초 유형이 형성되어 나타난다. 저자는 이러한 움직임의 기초유형을 바티니예프(I. Bartenieff)의 5가지 기본적 신체 연결 이론으로 설명하는데, 이를 하나하나 동양의학의 경락체계와 비교하여 고찰한다. 책의 처음부터 끝까지 서양의 이론과 동양의 이론을 비교하며 우리 몸과 마음에 대해 설명하는데, 그 두 문명의 연결성도 놀랍지만 동서양의 의학과 철학을 아우르는 통찰이 담겨있다.

5. Expect

저자는 몸과 마음이 하나임을 강조하며 무용을 가르치거나 무용을 하는 사람은 반드시 "바르고 선한 마음으로 몸과 마음을 지극정성으로 극한까지 발휘"(p.109) 하여야 한다고 주장한다. 무용수에게 바르고 선한 마음은 무엇일까. 저자는 우리 민족 고유의 정통적인 심신 수련법으로 내려온 「국선도」의 '정심(正心)'을 제시한다. 이를 도교와 유교 사상에서 나타나는 칠정과 오지로 연결시키고 더 나아가 동양의학의 우주관인 오행으로 확장시킨다. 우리 몸 안의 다섯 장부 안에 7가지 감정(칠정)이 내재되어 있는데, 이를 다시 동양의학에서 말하는 정신적 실체인 혼(魂), 신(神), 의(意), 백(魄), 지(志)를 뜻하는 오지(五志)로 설명한다.

6. Dance

저자는 동서양의 문화를 통틀어 "춤"과 "Dance"의 어원을 파헤치며 춤의 개념을 정립하고 춤의 본질에 다가간다. 춤은 "인간감정의 본능적 표출(p.131)"이며 따라서 발레 무용수는 관객을 "기술이 아닌 '감정표현'으로 감동(p.131)"시켜야 한다고 주장한다. 춤을 이해하기 위해서는 "인간감정의 본능적 표출"인 춤을 일으키는 내적 충동 즉 'Effort(에포트)'를 이해하는 것이 매우 중요하며 이를 라반의 Effort(에포트) 개념을 사용해 네 가지 요인으로 설명하고 있다.

저자는 책의 가장 마지막에 "동작의 습득과 함께 각 동작을 하기 위한 마음 자세를 이해하고 수행할 수 있다면, 발레를 보다 효율적으로, 덜 고생하면서, 덜 아프게, 부상을 줄이면서" 할 수 있지 않을까 하는 희망을 적어 두었다. 이론의 나열이 아니라, 본인 스스로 아픈 몸을 이끌고 하나하나 체득해 나간 소중한 노하우를 현대의 의학과 고전의 힘을 빌려 증명해 낸다.

춤을 추는 사람이라면 공감할 수 있는 우리 몸과 마음에 대한 이야기가 동서양의 지식과 융합되어 눈 앞에 파노라마처럼 펼쳐진다. 무용수의 몸에 대한 책이지만, 그리스-로마 시대의 사람을 만날 수도 있고, 공자의 견해도 경청할 수 있다. 공간적으로는 동서양을, 시간적으로는 고대와 현재를 종횡무진하며 춤에 대한 생각과 이론들을 찾아내어 연결한다.

이 책은 춤을 가르치는 교육자뿐만 아니라 춤을 배우는 학생들도 읽어 보아야 하는 책이다. 교육자들은 이 책을 통해 그동안 관례처럼 해 왔던 지도 방법을 재인식하고, 무용수의 몸을 사랑하고 이해하여 "행복한 무용수"를 탄생시키는 데 도움을 받을 수 있을 것이다. 춤을 배우는 학생이라면, 춤을 추는 자신의 몸을 잘 이해하고 자신을 사랑하며 춤추는 방법을 알게 될 것이다.

대한무용학회논문집, 79(4), 273-276.

성찰로 열리는 춤의 가능성

김경희, 『마음으로 하는 발레 공부』 (성균관대학교 출판부, 2021)

김재리(드라마투르그)

『마음으로 하는 발레 공부』는 발레교육자이자 소매틱(Somatics) 전문가인 김경희 교수(성균관대학교)가 발레의 소매틱스적 가능성을 탐구하면서 발견한 실천과 개념, 교육 방법론을 총체적으로 다루고자 하는 시도의 결과물이다. 이 책은 발레의 훈련방식과 교육에 대한 문제의식에서 시작하여 춤추는 신체에 대해서 동서양을 아우르는 통합적인 시각을 다룬다. 교육자로서 저자의 시각은 신체의 해부학적, 기능학적 관점, 그리고 정신적이고 영적인 측면까지 호흡의 들숨, 날숨처럼 신체의 내 외부를 넘나든다.

개인적 체험에서 발레의 다른 가능성을 보다

이 책은 어린 시절부터 발레를 배우고, 발레리나의 직업을 가졌으며, 무용 교육자로서의 삶을 살아가는 저자의 '비극적' 경험으로부터 시작된다. 발레 훈련으로 인한 상흔과 고통을 고백처럼 시작하는 서문에서 한국에서 춤을 배우고 직업으로 삼는 거의 모든 사람들이 공감할 만하다. 춤에서 기술이 중요하고, 완벽한 기교를 펼치기 위한 훈련이 잘못된 것일까? 완벽하게 기술을 수행하는 무용수는 문제가 있는 것인가? 문제를 극복한 것일까? 저자는 기술 그 자체보다 그것을 습득하기 위한 지금까지의 교육 방식을 날카롭게 지적한다. 본인이 겪었던 체험과 신체에 남은 흔적이 바로 '문제'의 증거가 되기 때문에 서문의 내용은 촉지적으로 강렬하게 다가온다. 저자는 발레 경험을 통한 고통과 좌절의 무게만큼이나 다소 비장한 어투로 '대안적 방법'의 필요성을 강조하며 이 책의 시작과 과정을 소개한다. 뉴욕에서 만난 마사 에디(**Martha Eddy**: 운동생리학자,

소매틱 치료사)를 통해 소매틱스에 몰입하게 되었고, 신체와 춤이 잃어버린 시간을 찾기 위한 긴 여정의 시작점이 되었다.

> 통증을 망각하라고 강요당하는 Ballet Class.
> 경쟁심을 불러일으키고 1등과 2등, 승자와 패자를 결정하라고 강요당하는
> Ballet Class.
> 나는 이러한 '비극' 더 이상 되풀이되지 않기를 간절한 마음으로, 절박한
> 성찰의 의식으로 이 글을 써 내려갔다. (p. 5)

이 책의 구성은 저자가 동서양의 통합적인 관점에서 소매틱의 주요 움직임 원리로 고안한 BRACED(Breath, Relax, Align, Connect, Expect, Dance)의 각각의 개념이 하나의 장(chapter)을 이룬다. 이 원리는 움직임의 단계별로, 또는 개별적으로 이해할 수 있다. 예컨대, '호흡'은 인간이 태어나기 이전부터 수행하는 행위로 '세포호흡'은 움직임의 수축과 이완 과정을 말하며, 이는 인체 모든 움직임 유형의 기저를 이룬다.(p. 11) 또한 호흡은 신체에서 자동적으로 발생하는 것이기 때문에 의식의 수면 위로 올려놓고 생각하기가 어려운데, 이것을 의식화하는 것은 발레를 올바르게 수행하기 위한 하나의 방식이 되기도 한다.

> 에너머리 어티어(Annemari Autere)는 "숨을 들이쉬는 것에는 절대 신경 쓰지
> 말아라"고 한다. 그것은 대자연이 알아서 해주는 것이다. 우리가 신경 써서
> 해야 할 일은 오직 숨을 내쉬는 것이다.(p. 16)

책의 제목으로 돌아가서, '마음'이라는 단어는 단지 추상적이거나 은유적으로 사용된 것이 아니라는 것을 3장 '정렬(Align)'을 통해서 알 수 있다. 감정의 정렬과 신체의 정렬을 동양의학과 연결하여 정리한 부분은 동서양 시각의 연결을 통해 춤에 대한 새로운 시각을 제시한다. 각각의 장기는 인간의 감정과 관련이 있으며,

'감정을 표현하는 춤'에서 신체의 근육과 골격뿐 아니라 더 깊은 내부의 기관까지도 의식해야 함을 학문적으로 설명한다. 이러한 논의는 이 책이 가진 미덕을 보여주는데, 편견의 대상으로 여겼던 동양의학이 오히려 몸과 춤에 대한 우리의 인식을 넓혀준다는 주장을 동양사상에 근거하여, 또한 서구의 이론과 비교를 통해 학문적으로 접근한 점이 그러하다.

멈추었을 때 보이는 것들

이 책에서 흥미로운 것은 서양의 춤과 움직임 훈련의 원리들을 동양의 철학과 수련법과 함께 다룬다는 점이다. 서구식 교육 커리큘럼으로 구성되어있는 한국의 무용 교육에서는 동양의 관점과 학문이 거의 누락되어 있는데(한국무용도 근대화된 방식의 훈련을 채택한다), 발레에서 동양적 훈련법이라니 다소 낯설지만 정서적으로는 가까운 이중적인 감정이 들게 한다. 책에서 소개하는 불교의 가르침이나 국선도, 갓츄겐운도와 같은 심신 수련법들에서 공통적으로 강조하는 것은 자연에 순응하며, 생각을 쉬고, 마음을 멈추는 것이다. 멈추었을 때 비로소 보이는 것들이 있으며, 알아차릴 수 있는 것들이 있고, 그것이 곧 춤의 근원이 된다.

> 무위(無爲)는 잎레의 부자연스러운 행위, 인위적인 행위가 없음을 뜻한다. non-doing, doing nothing을 의미하지만… 명상을 통해 무심의 상태가 되면 애써서 무엇을 하지 않아도 자연스럽게 된다는 의미이다.(p. 34)

> '정(正)'은 하나(一)밖에 없는 길에서 잠시 멈추어서(止) 살핀다는 뜻을 합친 글자로 '바르다'의 의미를 내포한다….(p.111)

동양의 사상과 수련법은 '지금 우리가 추고 있는 춤은 무엇을 보기 위해서,

무엇을 보여주기 위해서 하는 것일까' 하는 성찰의 기회를 제공한다. 근대화의 과정에서 멈추지 않는 운동성을 기반으로 끊임없이 스펙터클을 전시해왔던 춤에서 소외된 주체를 찾기 위해서는 '잠시 멈추어 살피는' 행위가 필요하다. 사회와 춤에서 멈춤의 순간에 우리는 신체의 더 깊은 곳을 느낄 수 있으며, 외부의 환경을 신체로 받아들일 수 있는 준비를 할 수 있다. 신체를 감각하고, 외부와 소통하며 그것에 반응하는 몸짓은 학습된 신체를 기계적으로 움직이는 것보다 춤에 더 가까운 곳에 있다. 저자는 발레 수업에서 교수자가 이전에 '열심히'를 강요받았던 학생들에게 아무것도 하지 않기'를 어떻게 가르칠 수 있을까를 과제로 남겨두었다. 이것은 단지 교육방법론의 문제가 아닌 지금 우리가 '열심히' 살아가는 현대의 삶에 관한 문제이기도 하다. 무용 교수자가 고려해야 할 것은 무용 훈련에서 움직이지 않는 순간을 두려워하지 않는 분위기를 만드는 것과 명상과 같은 방법을 적용하는 것도 좋은 방법이라고 제안하고 있다.

춤으로 나와 세상을 연결하기

이 책에서 다루고 있는 움직임의 원리와 실천의 방식들은 단지 무용수의 신체적 조건을 건강하게 만들고, 기능을 발전시키기 위한 것만은 아니다. 일상을 어떤 자세와 태도로 대할 것인가에 대한 통찰이 더 중요한 것임을 책의 곳곳에서 말해주고 있다. 어떤 마음으로 춤을 추는가를 고민하는 것은 내가 세상을 어떤 마음으로 살아갈 것인가를 고민하는 것과 다르지 않다. 세상의 이치와 춤의 이치를 깨닫는 것은 '호흡'과 같은 생명을 유지하기 위한 기초적 행위를 의식하는 것에서부터 시작할 수 있다. 마지막으로 독자들에게 몇 가지 권유하고 싶은 것은 먼저 책에서 제시한 내용들을 신체로 경험하는 것이다. 이 책에서도 강조하고 있는 체화(Embody)와 스스로 마음챙김(Mindfullness)을 직접 연습해보는 것도 이 책을 잘 활용하는 것이며, 저자가 강조하는 몸과 생각의 조화이기도 하다. 부록에 실린 소매틱 발레(Somatic Ballet)®의 페다고지 워크숍의 수업 내용들을 참고하는 것도 도움이 될 것이다.

바르고 선한 마음은 어떻게 해야 하는가? 바로 몸이다. 몸으로 실천해야
하는 것이다! 몸 상태의 반영이 생각이다. 다시 말해, 생각이 곧 몸의
상태이며, 몸의 언어가 생각이다. 즉. 생각이 '몸'이다.(p. 107)

또 한 가지는 일러스트로 설명된 움직임의 원리와 신체의 이미지들을 잘
살펴볼 것을 권한다. 만약 개념어나 전문적인 용어가 어렵게 느껴진다면
원리를 가장 쉽게 이해하기 위해 이미지를 사용할 것을 제안한다. 원리의
핵심적인 요소만 유머스럽고 핵심적으로 소개한 이미지를 통해 이 책이 깊이
있는 이론과 통찰을 제공하는 것뿐 아니라 많은 사람들에게 넓게 쓰임이
되고자 하는 저자의 사려 깊은 '마음'을 읽을 수 있을 것이다.

춤과사람들, 2021년 11월, 77-79.

생각하는 몸, 발레하는 몸

이지선(성균관대학교 초빙교수)

응당 발레무용수라면 몸이 아픈 것에 익숙하기 마련이다. 토슈즈와 턴아웃 위에 완성되는 발레예술은 자연스러운 인간의 몸 자세를 넘어 미적으로 아름다운 경지를 완성해내야 하기 때문이다. 그 기교를 완수하기 위해 하루도 연습을 게을리 해서는 안 되며, 부상은 부단히 노력하는 무용수들이 갖는 훈장과도 같다. 병원에 가면 의사는 무조건 쉬어야 낫는다는 말만 하니 애써 치료를 외면하며 웬만한 아픔은 무용수로서 익숙하게 넘길 수 있는 생활의 일부로 여겨지기도 한다. 40대 혹은 50대 무렵 즈음 은퇴한 무용수는 몸을 단련했던 사람으로서 건강한 몸을 갖고 있으리라는 일반적 기대와는 달리 60대의 기능에도 못 미치는 관절과 근육의 노화를 마주하며 반복되는 치료와 재활을 속상해 하면서도 숙명처럼 이를 받아들이곤 한다. 그러나 정말 과연 발레가 미적 이상을 위해 몸과 마음을 불가피하게 긴장하도록 하고, 그로 인한 부상을 초래할 수밖에 없는 예술일까?

『생각하는 몸, 발레하는 몸』은 발레하는 몸의 외침에 주목하고 소매틱 발레 수련을 통해 그 답을 찾을 수 있다는 저자(김경희, 성균관대학교 교수)의 믿음과 실천에 관한 책이다. 어쩌면 발레를 배워본 누구라도 한번쯤 자문해 보았을, 하지만 애써 답을 찾기 보단 주어진 연습을 해내기에 급급하거나, 클래식이라는 거대한 무게에 짓눌리거나, 제도적 교육체계 뒤로 미루어졌던 몸의 생각과 외침에 귀 기울일 것을 요구한다. 저자는 발레를 배우고 행하는 과정에서 당연시되어왔던 심신의 긴장과 고통들을 소매틱의 관점으로 면밀히 재검토함으로써, "'발레'로 교육하고, '발레'로 치유하며, '발레'로 양생할 수 있는"(p.6) 길을 제시하고 있다.

또한 이 책은 소매틱 학습에 관한 저자의 두 번째 대표저술로 2021년 앞서 출간된 『마음으로 하는 발레 공부』에서 규명된 소매틱 발레의 원리(B-R-A-C-E-D)와 교수법을 되새겨 이를 경험하는 과정 속에 풀어냄으로써, 소매틱 발레 학습 과정을 보다 친숙하고 쉽게 이해하고 실천하여 우리 모두가 건강하고 행복하게 발레하는 삶을 영위하길 간절히 바라는 저자의 마음을 오롯이 담아 내었다.

생각하는 몸: 동시대 몸 철학

책의 제목『생각하는 몸, 발레하는 몸』에서 "생각하는 몸"은 이성중심의 인간관으로 17세기 근대철학을 열었던 데카르트의 선언에 정면으로 배치한다. 수세기 동안 절대적이었던, 그리고 여전히 유효한 믿음, '생각은 이성의 영역' 이라는 데카르트식 사고에 대해 저자는 '몸의 영역'으로 그것을 옮겨 놓았다. "생각하는 몸"이라는 저자의 선언은 19세기 니체의 도움으로 서구 이성에 대한 절대적 믿음이 와해되고, 20세기 인간의 지각과 경험 자체를 중시하는 현상학의 유행과 후기구조주의의 비판적/해체적 사유를 거쳐, 통합적 인간 이해를 위한 동시대 동서양 철학의 화두를 꿰뚫는 저자의 통찰을 함축한다.

이 선언을 설명하기 위해 저자는 소매틱스의 방법론과 원리를 총체적으로 탐색하는데, 그 탐색은 1976년 토마스 한나가 명명한 소매틱스 이래 자이로토닉이나 필라테스 같은 최근의 응용 분야뿐 아니라 내적 신체 감각과 경험을 강조해온 서구의 움직임 신체 훈련 및 치료 영역에 걸친 알렉산더 테크닉, 펠든크라이스 메소드, 바르테니에프 기초원리, 이데오키네시스 등까지 거슬러 올라간다. 같은 맥락에서 동양의 심신수련법인 한국의 국선도, 중국의 기공체조, 일본의 갓츠겐 운도, 인도의 요가 등과 그 원리가 담긴『동의보감』,『활인심방』, 아유르베다(Ayurveda) 등의 심신의학과 유가 도가 철학에 이르는 생각들을 종합하여 "BRACED(Breathe, Relax, Align, Connect, Expect, Dance)"라는 "다치지 않도록 고안된" 생각하는 몸, 춤추는 몸의 원리를 제시(p.47)하며 몸을 통한 알아차림을 독려하고 있다.

발레하는 몸: 생각하는 몸의 실천

"발레하는 몸"은 곧 "생각하는 몸"이라는 저자의 주장을 만났을 때, 독자로서 나는 발레를 하면서 생각하며 움직인 적이 얼마나 있었는가 자문하게 된다. 저자는 이처럼 독자에게 생각할 것을 독려하고, 생각하면서 발레하는 것이 무엇인지, 왜 해야 하는지, 그리고 어떻게 하는 것인지 자각해야 함을 이야기한다. 그 깨달음은 관념의 이성적 탐구를 넘어 저자 자신의 경험과 실천 속 몸의 소리에 귀 기울이고 그에 답을 찾아 가는 여정으로 함께 채워진다. 발레단의 전문무용수로서, 예술고등학교의 교사로서, 대학 무용과 교수이자 연구자로서 저자의 오랜 경험, 그리고 뜻하지 않은 대수술과 회복 과정에서의 저자 자신의 고민과 성찰을 소매틱 학습과정의 실천으로 고스란히 풀어낸다.

이 책이 주는 매력과 차별점은 저자의 경험적 요구와 이론을 토대로한 소매틱 교수법의 체계화가 독자의 개인적 경험으로 체화될 수 있는 실용적인 접근으로 이어진다는 데 있다. 무용이론 저술들이 주로 담론적 이론이나 미시적인 사례의 적용을 다룬다면, 이 책은 학습자의 관점에서 능동적으로 지식을 구성하도록 하고 그 답을 찾아내는 데 필요한 실마리들을 제공해준다. 근대에서 현대에 이르는 몸철학과 동서를 넘나드는 이론적 폭과 무게는 발레 연습실과 교수학습과정이라는 현장 안에서 논의되고 예증되며, 적재적소에 등장하는 명쾌하고 친절하며 사려 깊게 제작된 풍부한 도판, 사진, 자료, QR코드 영상과 설명이 함께 하기에 글로 춤을 만나는 독자는 관념적 성찰을 넘어 신체적 자각의 길을 걸어갈 수 있게 된다.

생각하는 몸, 발레하는 몸: 내려놓음을 학습하기

서문 말미에 저자가 남긴 "'내려놓음'을 학습하기"라는 글귀는 신체적 자각을 위한 "움직임 재교육(re-patterning, re-education, re-training)"(p.10)의 여정을 가장 잘 함축해준다. 몸을, 움직임을, 다시−배치하고, 다시−교육하며, 다시−수련하기 위한 길은 무엇일까? 이제까지 해온 것들을 모두 내려놓기 위한 길을 저자는 네 장의 본문으로 안내한다.

1장 소매틱 발레를 위한 최적의 티칭 전략에서는 "왜 바를 붙들고 꼭 연습을 하는가?, 거울을 보면서 꼭 연습을 해야 하는가? 오른쪽부터 꼭 먼저 시작해야 하는가?"와 같은 질문으로 출발한다. 발레 학습과정에서 반복되어 당연한 학습의 조건으로 여겨져 왔던 바, 거울, 오른쪽부터 라는 익숙함을 내려 놓았을 때 비로소 학습자는 몸의 자각 능력을 느끼고 향상시킬 수 있다고 서술한다. 교수자는 구두로, 촉각으로, 시각/이미지로 학습자가 하지 말아야 할 것과 해야 할 것의 적절한 큐(cue)를 제공함으로써 다시−배치하기 위해 갈 곳 잃고 흔들리는 학습자의 몸의 바른 정렬을 이끌어 낼 수 있다. 또한 소매틱 기법의 과정은 교수자가 답을 주는 연역적이기도, 학습자 스스로 답을 찾는 귀납적 과정이기도 하기에, 학습자가 자신의 자각을 위해 스스로 적절한 큐를 수행하는 것 역시 중요하다고 강조한다. 무엇보다 최적의 티칭은 무엇을 가르치느냐보다 학습자 개개인의 특성에 최적화된 전략으로 관심과 지각을 이끌어내어 발레 무용수의 자연스러운 내면세계를 표출할 수 있도록 도와야 한다고 이야기한다.

2장 'BRACED' 원리에 기반한 'Somatic [Ballet] Dancing'에서는 2021년 저술에서 규명한 소매틱 기법의 원리를 일상적 삶과 무용 수련의 경험으로 다시− 쓰기를 시도한다. 프로무용수나 아마추어 학습자에 이르기까지 몸의 특정 부위가 안 아픈 사람을 찾기 어려울 정도인 현실을 지적하며, 예방을 위해 고안된 'BRACED' 원리는 매우 설득력 있고 절실하다. 이 원리는 오랜 습관으로 몸의 자각이 낯설거나 어려운 학습자들에게 조금이라도 쉽게 편안한 움직임을 수행하는 것이 곧 아름다운 움직으로 이어질 수 있음을 일깨워 준다. "호흡을 잘하여 (Breathe), 몸과 마음의 긴장을 풀면(Relax), 신체 정렬이 맞게 되어(Align), 몸의 각 부분은 물론 마음까지 연결될 수 있으며(Connect), 자신이 원하는 것을 바랄 수 있게 되고(Expect), 춤을 춤으로써(Dance), 몸이 다치지 않고 원하는 발레를 효율적으로 할 수 있다."(p.47) 한 번도 긴장을 풀고 춤 춰본 적이 없었고 학생들에 또한 힘을 주어 열심히 움직이라 교육했던 자신의 과거를 돌이켜보며 저자는 호흡이야말로 편안하게 심신통합적 움직임을 이룰 수 있는 소매틱 발레의 출발점이라 강조한다.

3장 소매틱 발레 수련의 핵심요소와 학습방법에서는 소매틱 수련의 과정과 관행적 발레 학습과정의 차이를 주목한다. 저자에 따르면 수련으로써 소매틱 발레 교육은 몸과 마음이 일치하고 자신이 주체가 되어 스스로의 몸을 알아가고 탐구해 나가는 과정 지향적이고도 참신한 학습상황이 요구된다. 교수자의 시범을 모방하거나 동료와의 끊임 없는 비교 속에서 경쟁하듯 보여주기식 기술적 완성을 연마하려는 태도를 내려놓을 때 스스로의 움직임을 재-배치할 수 있는 경험을 체득할 수 있게 된다. 또한 보여주기식 완성으로서 하고자 하는 '행위(doing)'보다, 내 자신의 리듬으로 나의 몸이 무엇을 원하는지 귀 기울이는 '감각 조율(Sensory Attunement)'이 수반되어야 하며, 결과지향적 목표를 위한 쉼 없는 질주 대신 '증강 휴식(Augmented Rest)'으로 기억력 상승과 순발력 증진을 통한 내적 신체 자각의 활성화를 기대할 수 있게 된다. 소매틱 발레의 학습은 생각보다 더 천천히(Slow), 작게(Small), 한번에 한 동작씩(Simple), 부드럽게(Smooth), 부분과 전체와의 연관성에 주의를 기울여(Whole-Part-Whole) 나갈 때 소매틱 체화의 과정에 도달할 수 있다.

4장 소매틱 발레의 교육적/치료적 혜택에서는 자기성찰을 통해 스스로를 자각하고, 자신만이 할 수 있는 스스로의 몸을 자기주도적으로 탐색하며, 자신을 받아들이고 그에 맞추어 스스로를 조절하여 제어할 수 있으며, 체득을 통해 마침내 자기치유를 이루어 냄을 강조한다. 오늘 나의 몸상태는 어떠한가?라는 질문을 자신에게 던지며, 자신의 경험을 뒤돌아보며, 학습이 끝난 뒤 나아지기를 기대하며, 자신의 움직임을 허락함이 반복되는 체득과정 속에서 스스로를 치유하며, 건강한 몸을 만들어 나가게 되는 것이다.

이 책은 학습자가 곧 교수자이고 교수자가 곧 학습자인, 나의 몸이 정신이고 마음이며 온전히 나를 이해하는 출발점이 되는, 몸으로 생각하기를 시도하는 독자 누구에게라도 유익한 소매틱 발레 수련, 학습, 교육 안내서가 될 것이다. 이 책을 통해 만나게 되는 발레는 더이상 나를 숨기고 체계화된 미적 이상을 쫓는 예술이

아니다. 이 책을 통해 만나게 될 발레 수련은 이제까지 익숙해진 모든 경험을 내려
놓고, 나의 몸의 생각과 외침으로 귀를 기울여 다시 발레하기를 시도한다. 그
만남은 책의 말미에 수록된 앞선 실천가들의 학습일지와 워크숍 자료들에 힘입어,
낯설고 두렵기보다는 설레고 흥분되는 즐거운 만남이 될 것이다. 비록 "그 효과가
더딜지라도, 긴 안목으로 본다면" 저자의 바람대로 "무리 없이 보다 건강하고
효율적인 발레 교육과 치료"(p.121)를 기대해봐도 좋겠다.

"나는 생각한다, 그러므로 나는 움직인다."

– 토마스 한나

"나는 움직인다, 그러므로 나는 존재한다."

– 하루키 무라카미

"나는 춤춘다, 그러므로 나는 존재한다."

– 로빈 에드워드 풀톤

"나는 생각한다, 그러므로 나는 춤춘다."

– 치치니니 첸

"나는 사유(思惟)한다, 그러므로 나는 발레를 한다."

– 김경희

(p. 102)

대한무용학회논문집, 81(2), 499-502.

보여주는 몸, 느끼는 몸 – 무용 부상의 예방

이지선 (성균관대학교 초빙교수)

발레 무용수가 훈련과정에서 넘어서야 할 과제는 말 그대로 "뼈와 살을 깎는" 과정과도 같다. "양쪽 발을 180도 벌려야 하지, 엉덩이를 집어넣어야 하지, 요추를 일자로 쭉~ 펴야 하지, 목을 길게 잡아 빼야 하지, 그 몸으로 현란한 발 동작을 해야 하지, 허리를 꺾어 다리를 높이 들고, 발끝으로 fish-tail을 만들어 하늘을 찌르듯이 해야 하지… 팔이 길어 보이게 잡아 빼야 하고, 목이 길어 보이게 어깨를 짓눌러야 하고, 아무 일도 없다는 듯이 웃기까지…" (p.104-5) 여기에 보여주기와 과도한 경쟁이 더 많이, 더 높이, 더 빨리, 들고, 돌리고, 뛸 것을 재촉한다. 가히 발레무용수의 훈련이 스포츠 경기나 서커스 훈련을 방불케 한다.

저자(김경희, 성균관대학교 교수)는 오늘날 발레 무용수의 훈련이 몸의 생물학적 가동범위를 넘어 누가 만들어 놓았는지도 모를 각도와 모양틀에 자신의 몸을 끼워 넣으라 종용하고 있음을 지적한다. 클래식이라는 이름을 등에 업고 단단히 체계 잡아온 발레훈련법에 저자는 단호하게 이야기한다. 발레 교사와 학생 모두 전해 내려오는 수련법에 맹목적으로 의존하며 "보여주는 몸 만들기"를 답습하지 말고, 아프다는 몸의 외침, 힘들다는 마음의 외침에 귀 기울이고 올바르고 건강하게 "느끼는 몸"을 위한 발레훈련법을 함께 탐구하고 실천할 것을 당부한다.

이 책은 잘못된 발레훈련에서 비롯된 무용수의 신체변형과 부상, 그리고 예방법에 관한 책이다. 그리고 이 책은 잘못된 발레훈련으로 고통받는 제자들이 던진 질문의 답에 관한 책이다. 또한 이 책은 건강한 삶을 건강한 발레수련을 통해 누릴 수 있다는 소매틱 발레 메소드에 대한 저자의 믿음과 실천에 관한 세 번째 책이다. 첫 번째 「마음으로 하는 발레 공부」(2021)에서 소매틱 발레의 원리(B-R-A-C-E-D)와 교수법을, 두 번째 「생각하는 몸, 발레하는 몸」(2022)에서

소매틱 발레 학습과정을 쉽게 이해하고 실천할 수 있도록 풀어낸 것에 이어,
세 번째 소매틱 발레가 오롯이 실천되기 위해 무엇보다 무용부상으로부터의
"예방"이 가장 선행되어야 된다는 저자의 생각이 완성된 결과물이다.

저자는 무릎, 발목과 발, 엉덩이, 허리와 목, 어깨 등 무용수의 주요 신체부위를
다섯 개의 장으로 구분하고, 발레라는 이름으로 단행된 '신체변형'이 마치 무용수의
'아름다운' 자태라 오인된 발레 연습과정의 관습들을 과학적, 해부학적 시선으로
낱낱이 파헤친다. 매 장의 곳곳마다 "보여주는 몸"의 잘못된 발레무용수의 자세를
설명과 함께 정확히 묘사된 삽화로 제시하고, 이에 해부학적 도해를 덧붙여
"느끼는 몸"에 대한 설명을 눈과 몸으로, 글과 움직임으로, 공감각적으로 세심하게
독자의 이해를 이끌어 간다.

저자의 분석에 따르면 발레리나들의 상징이 된 오리걸음은 골반 틀어짐으로
인한 비정상 걸음이며, X자 다리는 대퇴사두근의 근력을 약화시켜 과신전 된
무릎의 결과이며, 0자 다리는 턴아웃에 효과적이라며 자나깨나 개구리 자세
스트레칭을 한 탓에 약해진 내전근 때문이다. 엎침된 발, 갈퀴 발가락, 무지외반
모두 무리한 턴아웃에 따른 결과들이며, 한껏 들어올려진 다리는 뒤로 기울어진
골반과 곧게 펴져 체중과 충격을 오롯이 감당해야 하는 경추와 요추의 희생
때문이다. 도대체 어떤 예술과 미를 위한 희생이란 말인가.

'발레 미'라는 환상 아래 의구심조차 갖지 않고 몸의 외침을 외면하기엔 우리
몸의 구조와 기능이 명명백백히 구구절절이 반기를 든다.

해부학적 분석을 통해 저자가 강조하는 것은 발레 훈련의 출발점이 몸
안으로부터 시작해야 한다는 것이다. 발레의 주요 움직임이 이루어지는 몸의
근원들을 살피고 원리를 이해하며 수행할 때 올바른 움직임과 아름다운 움직임이
비로소 하나 될 수 있다. 발레의 아름다운 움직임은 근육의 정상적인 수축기능을
소실시켜 얻어내는 것이 아니라 적절한 강화운동을 통해 탄력 있고 매끄러운
자세의 수행 위에 완성되어야 한다. 또한 과도한 긴장과 수축이 아닌 적절한 이완
또는 올바른 중립자세를 통해 동작의 안정성 또한 견고히 이루어질 수 있다. 이

책에서 안내하는 잘못된 발레훈련에 대한 자각, 그리고 매 장마다 소개하는 주요
신체부위별 근육강화 운동을 훈련 과정에 함께 실천한다면, 모두가 행복하고
건강하게 발레하는 삶을 영위하길 바라는 저자의 바램에 우리 모두 함께 성큼
다가갈 수 있을 것이다.

춤과사람들, 2024년 4월, 60-61.

참고문헌

곽정헌. (2018). **화타오금지희도해**. (김성기, 박윤선, 역). 서울: 우리출판사.

김경희. (2005). **라반 동작분석법**. 서울: 눈빛.

김경희. (2008). **스페이스 하모니**. 서울: 눈빛.

김경희. (2020). LMA에 따른 '기(氣)' 흐름의 운동형식 연구 -'쉐이프(Shape)'를 중심으로-. **무용예술학연구, 80**(4), 31-42.

김경희. (2021). 마음으로 하는 발레 공부. 서울: 성균관대학교 출판부.

김재효. (2015). 심신의학으로서의 한의학. 원광대학교 마음인문학연구소. **마음의 세계** (pp.139-146).

마이어스, T. (2014). **근막경선 해부학(3판) 자세 분석 및 치료**. (Cyriax 정형의학연구회 외, 역). 서울: 엘스비어코리아. (2001).

박경리. (1988). **토지**. 경기: 다산책방.

박완서. (2002). **도시의 흉년**. 서울: 세계사.

안도균. (2015). **동의보감: 양생과 치유의 인문의학**. 서울: 작은길.

이황. (2006). **활인심방**. (이윤희, 역). 서울: 예문서원. (n. d.).

임지룡. (2005). **오행설과 관습적 언어 표현에서 감정과 신체 기관의 상관성**. 언어과학연구 (35), 191-214.

장경영, 장방홍, 방락창. (2011). **도인술의 원류 비전 화타 오금희**. (김성기, 역). 서울: 성균관대학교 출판부.

지부. (2010). **천년 도인술**. (신진식 옮김). 서울: 일빛.

청산선사. (1993). **국선도-Ⅰ**. 서울: 도서출판 국선도.

한국주역학회 (편). (2004). **주역의 근본 원리**. 서울: 철학과 현실사.

허경무. (2006). **국선도 강해**. 충남: 밝문화미디어.

Eddy, M. (2014). **BodyMind Dancing™ Teacher Certification Manual**.

Nestor, J. (2020). **Breath: The New Science of a Lost Art**. 미국: Penguin Publishing Group.

Noguchi, H. (1984). **Order, Spontaneity and the Body**. Japan: Zensei Publishing Co. https://hanja.dict.naver.com https://hanja.dict.naver.com

https://hanja.dict.naver.com

노래하는 몸,
춤추는 몸

1판 1쇄 인쇄 2025년 7월 14일
1판 1쇄 발행 2025년 7월 18일

지은이 김경희
펴낸이 유지범
펴낸곳 성균관대학교 출판부
등록 1975년 5월 21일 제1975-9호

주소 03063 서울특별시 종로구 성균관로 25-2
대표전화 02)760-1253~4
팩시밀리 02)762-7452
홈페이지 press.skku.edu

© 2025, 김경희

ISBN 979-11-5550-672-1 93680